Jean-Marc MANIATIS
coiffeur

UNE TÊTE LIBRE

Jean-Marc MANIATIS
coiffeur

UNE TÊTE LIBRE

Préface de
Philippe Noiret

Flammarion

© Flammarion, 1986
ISBN : 2-08-064958-2
Imprimé en France.

SOMMAIRE

Préface 11
  I. Un coup de foudre 13
 II. Une révolution 69
III. Les salons Maniatis 123
IV. De nouvelles relations avec votre coiffeur... et vos cheveux 151

Conclusion 179

Jean-Marc Maniatis coiffeur, illustrations . 185

REMERCIEMENTS

Je tiens à remercier tout particulièrement les photographes qui m'ont permis de disposer librement de leurs clichés.

Jean-Marc Maniatis

PRÉFACE

Je connais Jean-Marc Maniatis depuis le jour où, sur les conseils de Monique, ma femme qu'il coiffait déjà, je suis allé le voir pour qu'il m'aide à trouver ma « tête de Régent » pour *Que la fête commence* de Tavernier. En effet, nous avions décidé avec celui-ci que, dans toutes les soirées intimes, Philippe d'Orléans apparaîtrait sans perruque. Il s'agissait donc d'être quasiment rasé sous celle-ci, tout en gardant l'équilibre du visage. C'est à l'occasion de ce pari qu'il gagna que je découvris le talent de Jean-Marc.

Depuis je n'ai pas entrepris un film sans lui parler longuement de mon personnage. C'est grâce à lui que j'arrive à donner au policier des *Ripoux*, au colonel de *Fort Saganne*, au trafiquant soviétique de *Twist Again à Moscou* leur juste visage.

Jean-Marc est un artisan dont la main, d'une habileté terrifiante, est au service d'une intelligence, d'un esprit, d'une réflexion, d'une culture rares. Il est modeste, cherche sans cesse, doute, travaille et trouve. Cet artisan est un artiste, mais ne le dit pas. Cela nous change agréablement d'un certain nombre de nos contemporains de la couture, de la publicité, du théâtre ou du cinéma, de la restauration ou du clip, qui sont persuadés qu'ils sont importants parce qu'ils sont célèbres.

Philippe Noiret

I

Un coup de foudre

Ma passion pour ce métier est née, il y a un peu plus de trente ans, d'une de ces rencontres imprévues, fulgurantes, qui bouleversent en un instant le cours d'une existence. Vous ne pouvez vous en expliquer la raison, mais ce qui hier encore vous semblait essentiel, vital, se trouve soudain balayé par un souffle irrésistible. Rien ne me prédestinait à la coiffure et, sans ce hasard, survenu l'année de mes treize ans, qui sait ce que je serais aujourd'hui... Cependant, du jour où nos chemins se sont croisés, c'est devenu ma raison d'être. Je m'y suis donné sans relâche, tâchant chaque jour d'aller plus loin, même si cela m'a valu parfois des déconvenues.

Jusqu'à ce printemps 1955, qui devait marquer un tournant décisif pour mon avenir, j'ai vécu une enfance paisible et insouciante. Treize années sans nuages, pour un petit garçon heureux qui n'avait d'autres préoccupations que celles des enfants de son âge. Lorsque je repense à cette période de ma vie, une image surgit aussitôt, celle de notre maison de Marly-le-Roi. J'y ai tant de souvenirs qu'aujourd'hui encore je ne peux l'évoquer sans une certaine émotion. Il me semble que notre famille n'a jamais été plus unie que dans cet endroit. Même si je rêvais alors d'habiter en ville, quitter Marly pour Paris fut un déchirement. Je n'avais guère que dix ans, mais je sentais que nous tournions une page de notre histoire à tous. Sans être vraiment séparés par la suite, nos études à l'étranger ont rendu plus rares les occasions de nous réunir autour de la même table. Nous avons commencé à travailler chacun de notre côté, à vivre à des rythmes différents, laissant derrière nous le temps privilégié où nous partagions tout.

Mes parents s'étaient installés à Marly-le-Roi au lendemain de la guerre. Ils avaient dû quitter Sartrouville, qui avait subi de terribles bombardements et n'était plus qu'un amas de ruines. Alors qu'ils cherchaient une nouvelle maison, ils avaient découvert cette demeure pleine de charme. Elle comprenait deux bâtisses, séparées par un jardin, dont une plus petite qu'on appelait la « maison d'été ». D'une architecture très sobre, l'habitation principale était un pavillon cubique d'un étage, à toit plat, dans le style des années trente. La façade s'ornait d'un porche en avancée, surmonté d'un balcon qui reposait sur deux piliers. Séduits au premier coup d'œil par le calme et le caractère de la propriété, mes parents l'avaient achetée. A l'époque, Marly n'était qu'un village. La maison se situait un peu à l'écart, non loin de la gare, et, par-delà le parc, les champs de blé s'étendaient à perte de vue. Le soir, j'allais avec mon frère aîné chercher le lait à la ferme voisine, en compagnie du chien qui nous suivait en furetant. Si la campagne ne présentait pas à mes yeux un intérêt particulier – ce n'est que plus tard que j'ai su apprécier la vie au grand air –, j'aimais cette maison où notre famille se rassemblait le temps d'un repas, d'un dimanche. Nous formions là un tout. Aucune porte, aucune sonnette ne nous séparait les uns des autres, comme ce fut le cas quelques années plus tard à Paris.

Par la suite, j'ai voulu racheter cette propriété dont je gardais la nostalgie, en dépit des mises en garde de mes parents. « Tu verras, me disait ma mère, tu seras déçu. » En effet, il ne restait plus rien des champs et des fermes d'autrefois, du silence qui nous environnait. Marly s'est développé pour devenir une ville et cet îlot de calme a disparu, noyé entre les immeubles et les pavillons modernes. Il vaut mieux parfois ne pas revenir sur les lieux de son enfance, tant leurs couleurs semblent ternes, grises, en regard du souvenir qu'on en avait.

Je suis né pendant la guerre et pour ainsi dire sous les bombes, ce qui n'a rien de bien exceptionnel compte tenu des circonstances. Mais cette histoire a fait date dans les annales de la famille, au point qu'à chaque réunion il se trouvait toujours quelqu'un pour me la raconter! C'était en mars 1942. Mes parents habitaient encore à Sartrouville. Lorsque ma mère fut sur le point d'accoucher, mon père fit venir une ambulance pour la transporter à Saint-Germain-en-Laye. Tandis qu'ils roulaient vers l'hôpital, l'aviation alliée lança une offensive et se mit en devoir de pilonner le secteur. Une des bombes vint s'écraser sur la route, à quelques mètres de l'ambulance, ne laissant qu'un profond cratère dans le bitume, à l'endroit précis où la voiture venait de passer. Mes parents en furent quittes pour une grosse frayeur et ma mère parvint tout de même à l'hôpital où elle donna naissance à un second garçon qu'on prénomma Jean-Marc.

A cause du rationnement, il était chaque jour plus difficile de se nourrir à Paris. Comme certaines denrées indispensables telles que le lait devenaient introuvables, ma mère décida de nous emmener à la campagne, mon frère et moi. Nous avons vécu jusqu'à la Libération dans une ferme près d'Aix-les-Bains, tandis qu'à Paris mon père tâchait de faire marcher son magasin. Bottier, il jouissait déjà d'une grande notoriété. Mais les rigueurs de la guerre n'avaient pas épargné sa profession. On ne pouvait plus se procurer les matériaux nécessaires à la fabrication des chaussures, en particulier le cuir qui faisait cruellement défaut. Pour remédier aux pénuries, chacun devait, dans son domaine, déployer des trésors d'ingéniosité. Faute de cuir, les bottiers utilisèrent d'autres matières et c'est ainsi qu'apparurent les premières semelles compensées en liège et en bois.

Je crois que cette période sombre affecta mon père au plus profond de son cœur, éveillant sans doute des souvenirs douloureux. Mais il en parlait peu, car il n'était pas homme à vivre tourné vers le passé. Il faisait preuve en toute occasion d'un dynamisme étonnant, qui ajoutait encore à son charme. Fort séduisant, il avait un visage d'une grande finesse, aux traits harmonieux, et un sourire chaleureux, ce qui lui a valu d'ailleurs plus d'un succès féminin. Ces conquêtes, bien involontaires, l'amusaient, sans qu'il y accorde toutefois beaucoup d'attention. Seule ma mère, à qui il était très attaché, comptait à ses yeux.

D'origine grecque, il était né à Smyrne. Il avait dû émigrer, comme tous ses compatriotes, lorsque la ville était tombée aux mains des Turcs. Smyrne faisait partie des territoires attribués à la Grèce à la fin de la Première Guerre mondiale, lors du démantèlement de l'Empire ottoman. La résistance turque s'était organisée autour de Mustafa Kemal et avait entrepris de reconquérir ces provinces, à commencer par Smyrne où vivait une forte population grecque. La ville fut investie, les quartiers grecs incendiés, leurs habitants chassés ou tués. Les combats sanglants qui ravagèrent la cité n'épargnèrent pas les autres communautés, juive et arménienne, et tout le monde tentait de fuir pour échapper aux massacres. Mon père, qui à dix-huit ans se trouvait à la tête d'une affaire florissante, abandonna tout pour quitter Smyrne et, dans ce désordre indescriptible, je ne sais pas s'il eut même le temps d'emporter une valise... Parmi tous les pays susceptibles d'accueillir les réfugiés, il choisit la France. Il arriva à Paris vers 1923 et jamais par la suite il ne songea à regagner la Grèce. C'eût été pour lui une trahison que de quitter ce pays qui l'avait accepté alors qu'il ne possédait plus rien. Bien sûr, il n'avait pas rompu avec ses racines ni avec les traditions qui avaient nourri son enfance. Il demeurait très lié à la communauté grecque de Paris, pour laquelle il a fondé deux églises, et il nous parlait toujours dans sa langue maternelle, évoquant parfois, pour notre plus grand plaisir, cette ville lointaine où il avait vécu. Mais il prit la nationalité française, celle de sa seconde patrie, qu'il devait garder jusqu'à sa mort.

A son arrivée à Paris, mon père avait dû repartir de zéro. Il travailla ici et là pendant quelque temps, puis, grâce à son savoir-faire, il parvint à s'installer à son compte en ouvrant une boutique près de la rue Rochechouart. C'est là qu'il connut ma mère, qui avait émigré comme lui. De plusieurs années sa cadette, elle avait fui Constantinople avec ses parents à la même époque et dans des conditions tout aussi dramatiques. Ils se marièrent et, en 1935, naissait mon frère aîné. La réputation de mon père grandit peu à peu, sa clientèle s'étoffa, tant et si bien qu'il lui fallut songer à déménager. Il décida de s'établir derrière les Champs-Élysées, rue d'Artois. J'étais trop jeune pour me souvenir de son premier magasin; en revanche je revois fort bien celui de la rue d'Artois, au-dessus duquel nous avons habité pendant longtemps, après avoir quitté Marly-le-Roi.

Située au numéro 38, un immeuble discret de cinq étages, la boutique se signalait par une devanture en bois sombre, qui annonçait simplement « Maniatis ». On pouvait voir en vitrine les dernières créations de mon père. Une ambiance feutrée régnait à l'intérieur, dans le salon d'accueil. De larges fauteuils tendus de vert, un bureau d'acajou et une épaisse moquette qui étouffait les pas constituaient l'essentiel de ce cadre simple mais confortable où il recevait ses clients. Il avait aménagé son atelier dans une pièce contiguë, d'où s'échappait toujours une odeur extraordinaire de peaux, de colle et de bois. C'est là que son contre-maître préparait avec soin les commandes pour les ouvriers. Ceux-ci venaient régulièrement chercher les formes et les cuirs qu'il avait taillés, rapportant par la même occasion les chaussures assemblées.

Mon père employait ainsi une trentaine de personnes, tous d'excellents ouvriers, qui travaillaient à domicile. Je me souviens de l'un d'eux, un Italien du nom de Boccacio, dont l'habileté m'avait impressionné. Ce petit homme sec, toujours vêtu avec élégance, était un véritable artiste dans son domaine. Il se souciait peu de la rentabilité et il lui fallait parfois jusqu'à trois semaines pour confectionner une paire de chaussures. Mais pour quel résultat! Il réalisait un travail d'une qualité et d'une précision rares. Aussi mon père lui confiait-il souvent l'exécution de modèles destinés à ses collections.

La profession de bottier, aujourd'hui quasiment disparue, bénéficiait alors d'un immense prestige. Tout comme dans la haute couture, les grands bottiers créaient chaque année deux collections. Chacune comprenait environ quarante modèles nouveaux, qui étaient présentés à la presse et aux acheteurs lors de défilés spécifiques. Pour ces manifestations qui se déroulaient au Pré Catelan, au Pavillon Gabriel ou chez Laurent, les couturiers prêtaient leurs mannequins et leurs vêtements. Le sur-mesure n'était pas un luxe réservé seulement à quelques bourses comme c'est le cas aujourd'hui et, dès qu'on avait un peu d'argent, on recourait à un bottier. Il est vrai qu'avant l'apparition du prêt-à-porter, vers la fin des années cinquante, le choix était limité. Hormis le sur-mesure, on ne trouvait que de la confection, c'est-à-dire de la très mauvaise qualité. Il valait souvent mieux investir dans une paire de chaussures « bottier », d'un confort incomparable puisque taillée à la forme du pied et qui pouvait durer vingt ans, plutôt que de se martyriser les pieds avec des souliers qui rendaient l'âme au bout de six mois. Le même problème se posait pour les vêtements qui, à moins d'être réalisés par un tailleur, étaient mal proportionnés et de finitions médiocres.

Mon père maudissait les déformations occasionnées par les chaussures fabriquées en série. Avec le temps, je me suis rendu compte qu'il avait raison. Mais, à l'époque, je préférais souffrir dans des souliers à bout pointu (assez laids!), parce que c'était la mode, que de porter la paire de chaussures qu'il m'avait confectionnée! Je me souviens les avoir mises un jour pour lui faire plaisir, alors que je travaillais chez Jacques Dessange. Je revois encore Dessange s'arrêter devant moi, contempler longuement mes pieds, puis s'en aller sans dire un mot. Il faut bien admettre que j'offrais un étrange spectacle avec ma petite blouse et mes magnifiques chaussures! Il devait se demander comment j'avais pu me les payer avec mon maigre salaire de débutant. En tout cas, je me suis bien gardé de renouveler l'expérience, tant je me sentis mal à l'aise.

Faire une chaussure était tout un art. Il fallait des années de pratique pour être capable, comme mon père, de photographier un pied d'un seul coup d'œil, d'en mémoriser les moindres défauts, afin de réaliser une chaussure parfaitement ajustée. Il aurait pu ne pas prendre de mesures car ses appréciations étaient toujours exactes. A partir de là, il taillait la forme et un simple bout de bois devenait sous ses doigts habiles la reproduction fidèle du pied du client. Cette précision me fascinait tout autant que les chaussures qu'il fabriquait. En apparence très fines et souples, elles dissimulaient à l'intérieur un agencement complexe, quasi orthopédique. On aurait cru chausser des pantoufles!

Il avait choisi un métier difficile, pénible physiquement, qu'aucun de ses enfants n'a souhaité reprendre. Mais pour rien au monde il n'en aurait changé. C'était sa passion. Il y consacrait tout son temps, prenant peu de vacances, sortant rarement, sauf pour assister à des réunions avec ses confrères. L'inaction lui était insupportable et il avait toujours besoin de s'activer. Une année pourtant, à force de surmenage, il fut contraint d'interrompre son travail et on l'envoya se reposer dans une clinique en Suisse. A peine arrivé, il ne supportait déjà plus de rester allongé des heures entières sur une chaise longue; aussi avait-il décidé, pour occuper ses loisirs forcés, d'aider les jardiniers de l'établissement. Malheureusement son projet a tourné court très vite. Le jardinage n'est pas une activité aussi anodine qu'on pourrait le croire! C'est ce que deux gendarmes vinrent lui annoncer un beau matin. A sa grande surprise, il apprit qu'en réalité il travaillait au noir, une situation tout à fait irrégulière à laquelle il était prié de mettre un terme sans délai, sous peine d'ennuis plus sérieux... Ses protestations n'y changèrent rien, les gendarmes demeurèrent intraitables et il dut regagner sa chaise longue! Je crois que mon arrivée pour les vacances d'été créa une heureuse diversion. Je garde pour ma part un souvenir inoubliable de ces trois mois passés en sa compagnie, car pour une fois nous avions le temps de nous promener, de parler, d'être ensemble tout simplement.

Grâce à son talent, mon père était devenu un des plus grands bottiers de Paris. Il travaillait beaucoup pour mademoiselle Chanel : c'est lui qui, en fonction des collections, créait ses modèles de chaussures. Il comptait parmi sa clientèle bon nombre de gens connus, comme Jean Gabin, Maria Félix, les Rothschild, etc. J'aimais bien aller livrer quelques paires de chaussures après l'école. Tout en me faisant un peu d'argent de poche, je pouvais satisfaire ma curiosité de gamin et approcher ces célébrités dont j'avais entendu parler! Mais cela n'influait pas le moins du monde sur le mode de vie de mes parents. Compte tenu de la rigueur de son métier, mon père n'aurait pu se permettre de mener une existence mondaine. C'était, de plus, incompatible avec son caractère. Après son travail, il n'aspirait qu'à une chose : retrouver son foyer. Sa famille a toujours été au centre de ses préoccupations et, dès lors que nous ne manquions de rien, il était heureux. Il ne désirait rien pour lui-même, comme si ses propres besoins ne présentaient aucun intérêt en regard des nôtres. Quand il a cessé de travailler, nous l'avons incité à partir, à voyager : en vain. Il ne voulait pas en entendre parler. Il nous disait qu'il lui suffisait d'aller se promener le long de la Seine, vers Maisons-Laffitte, et de fermer les yeux pour s'imaginer qu'il était à Monte-Carlo ou ailleurs. Ma mère a elle aussi adopté ce comportement. Après avoir secondé mon père pendant des années, elle aurait pu se reposer et réaliser les voyages dont elle rêvait. Mais elle refusa de s'arrêter, préférant m'aider plutôt que de profiter de ses loisirs.

Mon père se souciait tout autant du reste de sa famille, qu'il s'agisse de ses sœurs ou de leurs enfants. Lors de son arrivée à Paris, il s'était d'abord préoccupé de faire venir ses parents et ses sœurs, qui étaient restés en Grèce. Il avait économisé sou par sou pour réunir la somme nécessaire à leur voyage et, lorsqu'ils furent en France, il veilla à les installer. Il s'est ensuite chargé de marier ses sœurs et leur a apporté son soutien en toute occasion. C'est ainsi qu'il a aidé un de ses beaux-frères à apprendre un métier. Mon oncle, qui avait dû également émigrer, se débrouillait pour gagner sa vie comme chauffeur de taxi. Il s'est décidé pour la coiffure, puis il a pu ouvrir un petit salon, où j'ai fait mes premières armes.

Poussé par sa générosité naturelle, mon père n'hésitait pas à appuyer les projets des uns et des autres, mais la confiance absolue qu'il plaçait dans son prochain lui a causé bien des désagréments. Ma mère, non moins généreuse mais plus prudente, aurait aimé tempérer son enthousiasme. Il le savait fort bien, aussi, lorsqu'il craignait ses réserves, ne la mettait-il au courant qu'une fois la décision prise!

Leurs cinq enfants ont été, bien sûr, les premiers à bénéficier de cet appui sans faille. Ils nous ont épaulés en toute circonstance et je leur dois en particulier d'avoir pu créer ma première affaire à dix-neuf ans. Ils n'ont jamais cherché à freiner mes projets, ce dont je leur suis infiniment reconnaissant car cette attitude m'a incité à aller de l'avant.

Nous avons grandi entourés de leur affection et de leurs soins, tout en apprenant très tôt à être indépendants. Mon père et ma mère tenaient à nous rendre autonomes en raison, je pense, de ce qu'ils avaient vécu. Si le hasard venait un jour à nous séparer, ils voulaient que nous puissions nous débrouiller seuls. C'est pour cela qu'ils nous ont envoyés faire une partie de nos études à l'étranger. Ils souhaitaient mettre toutes les chances de notre côté et nous donner la possibilité d'élargir notre horizon. Mes frères et mes sœurs sont allés en Angleterre ou aux États-Unis, tandis que je suis parti en Allemagne, vers l'âge de onze ans.

On m'avait mis en pension à Wurtzbourg, dans un collège où régnait une discipline de fer. Le matin, nous nous levions à cinq heures pour faire notre toilette à l'eau froide, ce qui, en hiver, était d'autant moins agréable que la température pouvait descendre jusqu'à − 20, − 25 degrés... A cinq heures et demie, nous étions dans le parc, fin prêts pour notre demi-heure de course à pied quotidienne. Je m'accommodais fort bien de ce régime, j'étais même ravi car, en quatre mois, j'avais fait des progrès fulgurants en allemand.

Ce qui m'avait permis d'avoir de nouveaux copains, chez qui j'allais passer les week-ends.

Il y eut cependant une ombre au tableau, une expérience traumatisante qui devait me marquer pour longtemps. A mon arrivée dans l'établissement, on avait jugé que mes cheveux étaient trop longs et l'on m'avait envoyé chez un coiffeur qui remédia à la situation en un tour de main... Je me rappelle le sentiment d'humiliation qui m'avait envahi en contemplant mon image dans le miroir lorsqu'il eut terminé son travail. Il ne me restait plus qu'un centimètre de cheveux sur la tête! J'étais méconnaissable, défiguré et si malheureux que j'ai été complètement bloqué pendant les deux mois qu'il leur a fallu pour repousser. De ce jour j'ai compris de quel redoutable pouvoir disposait un coiffeur : le pouvoir d'embellir comme celui de détruire.

A vrai dire, l'école ne me passionnait pas outre mesure. Si certaines matières, comme les langues ou l'histoire, ne me déplaisaient pas, par contre j'étais définitivement brouillé avec les maths! Dans l'ensemble, je crois que j'étudiais plus par obligation que par goût. Je n'avais pas d'idée très arrêtée sur ce que je voulais faire et, comme chez tous les enfants, mes projets changeaient sans cesse. Un jour comédien, le lendemain ingénieur... J'ai même imaginé un moment devenir archevêque! J'ai fini par jeter mon dévolu sur une école d'ingénieurs-électriciens et il était entendu, en ce début d'année 1955, que je commencerais ma formation dès la rentrée suivante.

Aussi ai-je créé la surprise, quelques mois plus tard, lorsque j'ai annoncé un soir en rentrant à la maison : « C'est décidé, je veux être coiffeur ! » Silence et incrédulité générale autour de la table familiale. Quelle lubie était-ce donc ?

J'aurais été bien en peine de leur expliquer ce qui m'arrivait ! Je n'avais pas de mots pour décrire les heures exaltantes que je venais de vivre. Un moment grisant, qui avait effacé tout le reste... J'étais heureux parce que je sentais que j'avais enfin trouvé ma vocation.

Dans l'après-midi, j'étais allé chercher mon cousin qui travaillait comme coiffeur chez Antonio, un salon très en vogue à ce moment-là, avenue George-V. La coiffure, je connaissais un peu. C'était pour moi le salon de mon oncle à Pantin, où je me rendais quelquefois. Un petit salon de quartier, très simple, avec une clientèle d'habitués, où l'on échangeait les nouvelles de la semaine, le temps d'une mise en plis ou d'une permanente. C'est pourquoi j'ai reçu un choc en entrant chez Antonio ! Jamais je n'avais imaginé qu'un salon de coiffure puisse être si vaste, si luxueux. Dans l'entrée, qui me semblait immense, s'affairaient un nombre incalculable de caissières, de réceptionnistes et, luxe suprême à mes yeux, il y avait non pas un, mais des vestiaires ! Derrière, j'apercevais le salon brillamment éclairé, où s'alignaient de grandes coiffeuses en bois, surmontées de hauts miroirs. Les clientes étaient encore nombreuses à cette heure et tout le monde s'activait avec fébrilité.

Un peu étourdi par tant de lumière et de bruit, je me suis installé dans un coin en attendant que mon cousin ait terminé son travail. Depuis mon fauteuil, je pouvais observer tout ce qui se passait dans le salon. Les clientes, dont le peignoir laissait deviner l'élégance, me fascinaient. Ces femmes qui prêtaient leurs mains en gestes alanguis aux soins des manucures, abandonnaient leur chevelure aux ciseaux et au peigne des coiffeurs me paraissaient toutes très belles. Grisé par les odeurs de laque et de vernis qui se mêlaient à leurs parfums, j'aurais voulu les approcher, toucher leurs têtes, comme les coiffeurs que j'admirais avec envie. D'un geste précis, ils remontaient une boucle, posaient un rouleau, fixaient une mèche. Les cheveux semblaient s'animer sous leurs doigts habiles qui les détendaient, les travaillaient comme jamais je ne l'avais vu faire. C'était magique! Ces hommes avaient le pouvoir de transformer un visage avec leurs seules mains! Entourés de leurs assistants, qui leur passaient l'un une pince, l'autre un rouleau, ils paraissaient régner en seigneurs sur cet univers de rêve.

A l'inverse d'aujourd'hui, la coiffure était une profession essentiellement masculine. Le coiffeur était considéré comme un personnage important dans un salon. Son comportement, ses vêtements reflétaient la position privilégiée qu'il occupait au sommet de la hiérarchie. Tout en lui était soigneusement étudié, depuis les poses jusqu'au costume, et obéissait à un rituel bien établi. Cela fit une forte impression sur mes treize ans et j'aurais tout donné pour posséder autant d'aisance et d'autorité. Je ne sais combien de temps je suis resté là, à boire des yeux ce spectacle féerique; une heure ou deux peut-être... Mais, en sortant, ma décision était prise : je serais coiffeur et rien d'autre.

Ma vocation soudaine n'a pas soulevé d'emblée un enthousiasme débordant chez mes parents, qui ne comprenaient pas mon changement d'attitude. La veille encore, je voulais devenir ingénieur et ils s'étaient habitués à cette idée. Craignant qu'il ne s'agisse que d'une fantaisie, ma mère et ma grand-mère essayaient de me raisonner. « Tu veux être coiffeur ? Mais pourquoi diable ! Tu sais, ingénieur c'est bien ! Réfléchis... » C'était peine perdue ! Je n'en démordais pas, je voulais apprendre la coiffure. Mon père m'a tout de suite dit : « Écoute, Jean-Marc, si c'est vraiment ce que tu as envie de faire, fais-le. » Et le reste de la famille, qui m'aurait bien vu poursuivre mes études, a fini par céder à mon entêtement. Peu après, on m'a inscrit à l'école de coiffure de la rue Darboy, qui était alors un des meilleurs établissements du genre. J'ai terminé mon année scolaire, puis, en septembre 1955, après avoir passé les examens d'entrée, j'ai commencé mes études.

Fermement décidé à progresser vite et bien, j'ai consacré, à dater de ce jour, tous mes loisirs à ma nouvelle passion. Après l'école, je me rendais chez mon oncle à Pantin, pour m'entraîner. Le dimanche matin, je travaillais chez mon cousin Constant Vidalis, qui possédait un salon de coiffure important à Sartrouville, et l'après-midi je coiffais toute ma famille – heureusement fort nombreuse ! – qui se prêtait de bonne grâce à mes essais. Il ne se passait pas une semaine sans que j'aille voir une de mes tantes ou un cousin, muni de ma petite valise dans laquelle je rangeais soigneusement mes précieux instruments. C'était l'obsession ! Je ne rêvais que de coupes, de coupes et encore de coupes! Pendant les vacances scolaires, je suivais mes parents et j'en profitais pour me faire embaucher partout où l'on voulait bien de moi. Ma passion me donnait des ailes et un culot incroyable. Je n'hésitais pas à me présenter comme coiffeur alors que j'avais à peine un an d'école derrière moi! Ce qui, du reste, m'a joué quelques tours, mes résultats n'étant pas toujours à la hauteur de mes prétentions.

Ainsi, une année, j'avais accompagné mes parents qui avaient loué une maison près de Grasse pour l'été. J'avais pu me trouver un emploi (de coiffeur, bien entendu!) dans un salon à Cannes. Le premier jour, le patron me demanda si j'étais coiffeur pour hommes ou pour dames.

« Oh! vous savez, je fais les deux! » Je ne tenais pas vraiment à approfondir cette question délicate.

« Bien. Alors vous vous occuperez des messieurs. »

Le lendemain, entre un monsieur aux cheveux grisonnants qui demande une coupe au rasoir.

« Une coupe au rasoir? Tout de suite, monsieur! »

J'avais dû en faire trois en tout et pour tout dans ma courte carrière... Les mains un peu tremblantes, j'attaque la coupe. Tout se déroule bien jusqu'à ce que j'en arrive à la nuque. Là, le rasoir échappe subitement à mon contrôle, la lame dérape... et, horreur, un trou! Le client ne s'étant aperçu de rien, je poursuis mon travail, très ennuyé par cet incident, quand, d'un seul coup, cette fichue lame glisse encore une fois. Dramatique! Je termine la coupe tant bien que mal, tout en réfléchissant au moyen de dissimuler mes maladresses. Le talc, bien sûr! J'en étale largement sur les endroits stratégiques pour cacher les vides laissés par mon rasoir. Je débarrasse prestement mon client de sa serviette, époussette son col et, d'un mouvement rapide, je lui montre le résultat dans une glace. Satisfait, le monsieur se lève, rajuste sa veste, paie et s'en va.

Le lendemain à l'heure du déjeuner, alors que je flâne sur la Croisette, quelqu'un me frappe l'épaule. Je me retourne.

« Vous vous souvenez de moi, mon garçon?
– Euh... pas vraiment...
– Et *ça*, vous vous en souvenez? » me dit le monsieur d'un ton acide en me montrant sa nuque.

C'était mon client de la coupe au rasoir. Le talc avait fait long feu! Ma place également! Mais je n'étais pas mécontent, j'avais quand même réussi à travailler trois jours. On ne voulait plus de moi? Qu'à cela ne tienne! Je suis parti exercer mes talents un peu plus loin.

La méthode peut paraître contestable – et je m'en excuse auprès de ceux qui en ont fait les frais à l'époque –, elle a néanmoins porté ses fruits. Rien ne saurait remplacer la pratique, c'est en forgeant qu'on devient forgeron. Cet entraînement intensif m'a permis de progresser très rapidement. Nul ne m'y a jamais contraint. Je le faisais de mon plein gré, sachant que c'était le moyen d'atteindre au plus vite mon objectif. Je n'avais pas oublié ma visite chez Antonio et j'étais conscient du chemin qu'il me restait à parcourir si je voulais appartenir à ce monde fascinant des grands salons. Je travaillais avec tant d'enthousiasme que mes parents n'eurent jamais l'impression que je fournissais un gros effort.

Le fait de m'exercer beaucoup en dehors de l'école a été un élément déterminant pour mon apprentissage, il m'a permis de brûler les étapes. Mis à part les petits emplois saisonniers que je trouvais pendant les vacances, il y avait le salon de mon oncle où j'allais régulièrement. Cette expérience m'a été précieuse, j'ai pu grâce à cela manier une paire de ciseaux plus vite que si j'avais dû suivre la filière normale. Il fallait à ce moment-là plusieurs années de pratique pour qu'on vous laisse couper un cheveu. La raison? Le respect de la clientèle. Le client était roi et, à ce titre, il avait droit, dans un petit salon comme dans un grand, à un service et à un accueil de qualité. Il va de soi que mon oncle ne pouvait se permettre d'avoir des directrices ou des réceptionnistes, à la manière d'Antonio. Cela ne l'empêchait pas de recevoir ses clients avec autant de soin et d'attention.

Il possédait un salon tout simple, rue de Paris, à Pantin. A droite de l'entrée se trouvait le coin réservé aux hommes, avec ses trois fauteuils à haut dossier qu'on faisait pivoter pour le rasage. La partie gauche du salon, destinée aux femmes, était isolée par une mince cloison, surmontée à mi-hauteur par une vitre dépolie. On y avait installé quelques coiffeuses et de gros séchoirs. Les shampooings s'effectuaient dans une petite pièce, à côté des appareils à permanente, dont les formes étranges évoquaient pour moi quelque instrument de torture des temps modernes.

C'est là que j'ai fait mes débuts, en m'essayant un peu à tout. Mon oncle a commencé par me confier des shampooings, puis des mises en plis et des applications de teinture. Ensuite j'ai eu le droit d'exécuter quelques coupes pour hommes. Le tout sous l'œil vigilant de mon oncle qui ne tenait pas à perdre sa clientèle! Quand il me chargeait de couper les cheveux d'un de ses clients, il me surveillait discrètement et, s'il sentait que les choses prenaient mauvaise tournure, il s'approchait pour me dire, sur un ton sans réplique : « On vous demande chez les femmes, monsieur Jean-Marc. Il faut que vous terminiez la couleur de madame Dubois. Moi, je vais m'occuper de Monsieur. » Et il lui arrivait parfois de reprendre toute la coupe!

On débutait par les coupes pour hommes, qui nécessitent de la technique et apprennent le maniement des ciseaux. On coupait les cheveux à sec, sans faire de shampooing. Ce service a été amené par les coupes au rasoir, qui ont commencé à se pratiquer à ce moment-là. Passé ce cap, on pouvait aborder la coiffure pour dames. Lorsque j'ai été plus expérimenté, mon oncle m'a laissé couper les cheveux de quelques-unes de ses clientes. Pour qu'elles m'acceptent, il devait chaque fois faire tout un discours. « Vous savez, c'est mon neveu. Vous pouvez être sûre qu'il va bien s'occuper de vous. Et puis, il vient de Paris! » Ce dernier point, qu'il soulignait avec emphase, était censé apaiser toutes leurs craintes. Mais bien souvent cela ne les rassurait qu'à moitié! Elles me disaient, avec un soupçon d'inquiétude : « Vous venez de Paris, d'accord... Mais moi, vous comprenez, je veux que cela tienne! » Elles étaient persuadées que les coiffures qu'on réalisait dans les salons parisiens se défaisaient au moindre coup de vent. Or, pour elles, une permanente digne de ce nom devait durer six mois, pas moins!

Les visites chez le coiffeur étaient plus fréquentes qu'aujourd'hui. Cela tenait aux coiffures de l'époque, qui obligeaient à s'y rendre entre deux mises en plis, pour le traditionnel « coup de peigne ». Le coiffeur rajustait les mèches rebelles, crêpait et relaquait le tout. Comme il n'était pas question de toucher à cet agencement savant, sous peine d'être décoiffée, le rythme des shampooings s'en ressentait. Peu de femmes se lavaient les cheveux plus d'une fois par semaine et il n'était pas rare que quinze jours, voire trois semaines s'écoulent entre deux shampooings. Ce qui se passe de commentaires quant à la propreté de certaines chevelures... Sur ce point, je crois que c'est à Grasse que j'ai connu le pire. J'avais trouvé une place chez un coiffeur spécialisé dans les indéfrisables. Le patron, un petit homme chauve vêtu d'une éternelle blouse blanche, n'a pas eu à me renvoyer cette fois-là. Je suis parti de moi-même, épouvanté, au bout de deux jours! Sa clientèle se composait essentiellement de paysannes qui vivaient dans la montagne dont elles ne descendaient que rarement. Elles allaient chez le coiffeur en moyenne une fois par an. A cette occasion, on leur coupait les cheveux très court avant de les friser en boucles si serrées que je pouvais à peine y passer mon peigne. On aurait dit de vrais petits moutons! Elles repartaient ainsi avec une coiffure qui tenait presque une année, pendant laquelle elles ne devaient pas se laver souvent les cheveux, à en juger par la couleur de l'eau des shampooings! J'avais beau en vouloir, c'en était trop pour moi!

Il s'agit sans doute d'un cas extrême, mais dans l'ensemble l'hygiène laissait à désirer. Question d'époque, peut-être. Je n'étais pourtant pas spécialement délicat. Si cela avait été le cas, nos travaux pratiques de la rue Darboy, sur les clochards qui nous servaient de modèles, m'auraient vite découragé!

Cette école de coiffure comptait parmi les meilleurs établissements de formation et présentait l'avantage non négligeable d'être accessible à toutes les bourses. D'autres écoles privées, telles celles de L'Oréal, dispensaient aussi un enseignement de qualité, mais les études y étaient fort coûteuses. Chaque année, quelque trois mille jeunes se pressaient pour entrer rue Darboy, parmi lesquels une centaine seulement avaient la chance d'être retenus. La sélection s'opérait à partir de tests rigoureux, destinés à cerner les aptitudes des candidats pour ce métier. Le physique figurait au nombre des critères de choix. On considérait en effet que notre profession, axée sur la beauté, exigeait une apparence avenante ainsi qu'une certaine prestance, et ces éléments pesaient pour beaucoup dans la balance. Celui qui avait subi ces épreuves avec succès ne devait pas toutefois s'endormir sur ses lauriers, car les erreurs ou la paresse étaient sanctionnées sans complaisance pendant la scolarité. Cela obligeait à fournir un effort constant, si l'on ne voulait pas être mis à la porte. Les études s'étalaient sur trois ans, au bout desquels nous étions assurés de trouver un emploi, tant la réputation de l'école était excellente. Notre formation couvrait un champ plus large que la coiffure et comprenait un enseignement général qui occupait nos matinées.

Tous les jours, je descendais au métro Goncourt pour me rendre à l'école, une bâtisse austère située à deux pas, au fond d'une petite cour. Les salles de cours et de travaux pratiques mobilisaient l'essentiel du bâtiment, à l'exception du premier étage où un électricien avait installé son magasin. Je crois qu'il refusait obstinément de vendre ses locaux à l'école, si bien qu'il nous fallait passer par sa boutique pour gagner nos classes.

Nous étions soumis à une discipline très stricte. On nous demandait une tenue et une propreté

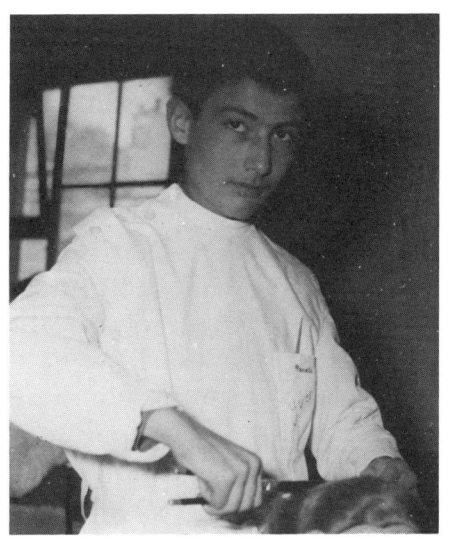

A treize ans et demi, je m'entraîne au fer Marcel sur une tête malléable

irréprochables. En arrivant le matin, nous avions droit à une inspection minutieuse, de la tête aux pieds, et gare à celui qui avait oublié de cirer ses chaussures ou dont les ongles étaient douteux! C'était une manière assez efficace de nous apprendre les règles d'hygiène élémentaires dans un métier qui vous met en contact direct avec autrui. Après avoir été passés en revue, nous pouvions aller en cours. Nos journées, qui commençaient à huit heures, étaient bien remplies; jusqu'au soir nous ne disposions que d'une demi-heure de pause pour le déjeuner. Là encore, pas question de s'amuser! Le surveillant général nous conduisait à la cantine, en rangs par deux, et, comme il avait la punition facile, il valait mieux ne pas piper mot pendant le trajet.

 L'enseignement de la coiffure était consacré à l'acquisition des techniques de base. Tout se faisait par étapes progressives. Avant de nous servir d'un peigne, d'une paire de ciseaux ou d'un fer à friser, nous devions nous familiariser avec ces instruments, c'est-à-dire apprendre à les tenir correctement. Savoir manier une paire de ciseaux n'a rien d'aisé et il faut du temps pour que la main s'y habitue, trouve la bonne position. Si cela nécessitait un mois ou deux, peu importait. Nos professeurs ne passaient pas à l'explication de leur fonctionnement tant que nous n'avions pas franchi ce cap. Ensuite nous apprenions à les utiliser sur des têtes malléables, des figures garnies de son sur lesquelles sont implantés des cheveux, et, quand nos progrès paraissaient satisfaisants, nous pouvions alors travailler sur des modèles en chair et en os. Il s'agissait de volontaires qui, en échange de cinq francs de l'époque, nous prêtaient leur tête. Nous avions une clientèle d'habitués, constituée en majorité de clochards, dont c'était quasiment le seul revenu. C'était assez folklorique, car certains d'entre eux venaient avec leur litre de rouge qu'ils gardaient à portée de main pendant toute la durée des opérations.

Je me souviens qu'un jour j'ai privé un de nos modèles de son modeste gagne-pain. Je m'entraînais à faire des crans sur une de nos habituées, une femme sans âge, dont les cheveux blancs avaient jauni à force d'ondulations au fer. On se servait à ce moment-là de petits fers à friser qu'on faisait chauffer sur des réchauds à gaz ou à alcool. J'attrapai une des mèches de son front et je la pinçai avec mon fer. Malheureusement j'avais mal dosé la chaleur, si bien que, quand j'ai voulu retirer mon fer, la mèche a suivi! C'était affreux! Cette pauvre femme ne ressemblait plus à rien avec l'espèce de brosse que je lui avais laissée sur le devant de la tête. Elle était tellement furieuse qu'elle m'a poursuivi en hurlant à travers toute la salle. Sa colère ne tenait pas à des considérations d'ordre purement esthétique : par ma faute elle venait surtout de perdre ses maigres revenus pour quelque temps!

Le rasage faisait également partie de notre apprentissage, car, s'il est devenu impossible de trouver un barbier, dans les années cinquante un coiffeur devait savoir raser. Les clochards sur lesquels nous nous entraînions ne nous facilitaient pas la tâche. Ils arrivaient avec des barbes si hirsutes que, avant même de les savonner, nous étions obligés de leur passer une petite tondeuse. Et il nous fallait près de vingt minutes pour réussir à amollir leurs poils durs avec le savon à barbe !

C'était une école sévère mais efficace, où, à défaut de m'amuser, j'ai acquis les connaissances indispensables à l'exercice de mon métier. Rien n'était laissé de côté. On nous y enseignait tout, depuis le maniement des instruments jusqu'aux mises en plis et aux couleurs. Nos maîtres étaient à l'image de l'établissement, sans indulgence à notre égard. A l'exception de notre professeur de postiches, une femme exquise que nous passions notre temps à chahuter, ils faisaient tous preuve d'une grande intransigeance. Aigris sans doute de n'avoir pas connu de succès dans la profession, ils avaient choisi l'enseignement. Ils n'en demeuraient pas moins de parfaits techniciens, qui possédaient les ficelles du métier sur le bout des doigts. Les boucles, les ondulations, les crans directs ou indirects, en bref la base de la coiffure n'avait plus de secret pour eux. Il importait peu que la mode ne soit pas leur fort puisqu'ils savaient nous enseigner l'essentiel, sans lequel il est impossible de travailler. Grâce à cette formation minutieuse, nous pouvions entrer dans un salon dès notre sortie de l'école et être opérationnels tout de suite, à la différence de ce qui se produit aujourd'hui pour les jeunes issus des écoles de coiffure.

La scolarité durait trois ans, mais je ne me sentais pas la patience d'attendre, d'autant que j'avais travaillé deux fois plus que les autres élèves. Les samedis passés chez mon oncle m'avaient permis de faire de gros progrès et m'avaient donné le goût d'autre chose que des têtes de son ou des clochards. Je commençais à m'ennuyer pendant les cours, ayant le sentiment de ne plus rien y apprendre. Je désirais voler de mes propres ailes, et, au bout d'un an et demi, j'ai quitté l'école. Diplôme ou pas, j'estimais avoir emmagasiné assez de connaissances pour commencer à travailler. Je mourais d'envie d'entrer dans le vif du sujet.

En 1957-1958, trois grands noms régnaient sur la coiffure : Carita, Alexandre et Jacques Dessange. Il n'était pas facile d'obtenir un emploi dans ces salons prestigieux, fréquentés par une clientèle aisée et difficile. Que vous postuliez comme coiffeur ou simple assistant, vous deviez d'abord faire un essai, qui consistait à exécuter deux ou trois coupes différentes sur des modèles. Mais il ne s'agissait pas de faire n'importe quoi ! Si vous vouliez travailler chez Carita ou Dessange, vous présentiez du Carita ou du Dessange. Il était en effet hors de question de recycler les gens qu'on embauchait : ou vous saviez ou vous ne saviez pas, point. Il fallait donc s'informer et s'entraîner à reproduire le style du salon où vous souhaitiez entrer.

Après mon départ de l'école, j'avais trouvé du travail chez un coiffeur qui, malheureusement, décida de quitter Paris. Comme il connaissait Jacques Dessange, il lui téléphona pour me recommander : « Tu sais, j'ai un jeune qui se débrouille bien. Je ne peux pas le garder, alors j'aimerais que tu le voies. » Il ne me restait plus qu'à aller faire un essai !

Décidé à ne pas laisser passer ma chance, je me suis soigneusement préparé. J'avais pris l'habitude de lire les magazines de mode pour y guetter les dernières créations et à partir de là j'essayais de copier au plus près les coupes des uns et des autres. Pendant plusieurs semaines je me suis exercé comme un fou, passant des heures à acquérir le coup de main nécessaire. Le jour « J », je me suis présenté avenue Franklin-Roosevelt, avec deux de mes amies qui devaient me servir de modèles. Pour ce premier test je ne me sentais pas très rassuré, et les deux heures qui suivirent mirent mes nerfs à rude épreuve. Le salon se répartissait sur deux niveaux. On m'avait installé au sous-sol, où se trouvaient les salles réservées aux shampooings, teintures et permanentes. Tandis que je m'appliquais de mon mieux sur mes modèles, les coiffeurs et les coiffeuses du salon descendaient me regarder travailler. Personne ne disait mot. Pas un encouragement, pas un signe sur leurs visages qui puisse révéler ce qu'ils pensaient. Ce silence et ces regards impénétrables me mettaient à la torture. J'essayais désespérément de concentrer toute mon attention sur mes ciseaux pour oublier ces spectateurs muets et je crois que les fines gouttes de sueur qui perlaient sur mon front n'étaient pas seulement dues à la chaleur du local... Je ne me souviens pas des coupes que j'ai réalisées ce jour-là, mais l'essai fut concluant puisque, la semaine suivante, j'entrais chez Jacques Dessange.

C'était un salon agréable qui donnait sur un jardin ombragé. L'été, lorsqu'on ouvrait les fenêtres en grand, on avait l'impression d'être à la campagne. A l'intérieur, le décor était luxueux comme dans tous les grands salons de coiffure, qui ressemblaient beaucoup par leur mobilier aux salons de haute couture. Tout était d'une propreté saisissante. Après le passage de chaque cliente, on nettoyait soigneusement chaque objet, les peignes étaient lavés, les brosses stérilisées dans des appareils à infrarouges.

Je ne m'y suis jamais senti très à l'aise, sans doute parce que notre travail se déroulait dans un climat assez tendu. Jacques Dessange se montrait particulièrement exigeant à notre égard. En présence des clientes nous n'avions pas le droit de parler entre nous, et tous, les coiffeurs aussi bien que les apprentis, nous devions porter une blouse. Un jour j'ai enfreint cette consigne par mégarde et je suis arrivé en costume dans le salon. Comme je revenais d'un studio (une séance de photos pour un magazine), je n'avais pas pu repasser par le sous-sol pour enfiler ma blouse. Mal m'en a pris! J'ai reçu une magistrale engueulade, de quoi m'ôter l'envie de recommencer! Il fallait également aller au-devant des clientes, qui n'avaient pas toujours un caractère commode, prévenir leurs désirs : penser au cendrier, aux journaux, surveiller la température du casque, etc.

Les quelques mois que j'ai passés dans ce salon m'ont beaucoup appris. J'étais devenu l'assistant de Jacques Dessange, ce qui me permettait de l'observer attentivement lorsqu'il coiffait. Il faisait sa coupe, puis me laissait le soin d'effectuer la mise en plis, avant d'apporter lui-même la touche finale, le « coup de patte ». Pendant l'opération, je notais ses moindres gestes, m'efforçant de les enregistrer pour les reproduire le soir quand je m'entraînais à couper les cheveux des coif-

Mon portrait fait par Fouli Elia lors de ma première séance de coiffeur de studio. J'étais chez Dessange et j'avais seize ans

feuses. Les trainings n'existaient pas, d'où la nécessité, si l'on désirait progresser, d'être sans cesse sur le qui-vive et de s'exercer seul aussi souvent que possible. Qui plus est, notre emploi dépendait de cet effort personnel, car on ne s'embarrassait pas de celui qui ne progressait pas. Dix personnes attendaient pour prendre sa place...

C'est à ce moment-là que j'ai découvert une autre facette de notre métier, c'est-à-dire les studios. Il s'agit de coiffer les mannequins qui posent pour les magazines, un travail fort différent de la pratique en salon. Je dois avouer que je n'en menais pas large lors de ma première séance! Jacques Dessange m'avait envoyé en me disant simplement : « Vous verrez, c'est très facile! » J'aurais voulu avoir sa belle assurance! Pour ajouter à mon trouble, le mannequin était une ravissante jeune fille blonde, aux cheveux mi-longs. Je lui ai fait une mise en plis; puis nous sommes partis pour Orly où le magazine avait prévu de réaliser des photos dans les toutes nouvelles Caravelles. Il me semble que c'est à cette occasion que j'ai travaillé pour la première fois avec Fouli Elia, un virtuose de l'objectif que j'ai retrouvé par la suite à *Elle*. Sentant mon malaise, le mannequin me donnait gentiment quelques conseils tandis que je finissais de la coiffer sur place. « Tu devrais peut-être mettre cette mèche comme ça, celle-là comme ça... » Mon appréhension s'est estompée au fil des séances et j'ai pris goût à ce travail qui me donnait accès à l'univers fascinant de la mode. Sans me douter de l'importance que prendrait plus tard ce type d'activité dans ma carrière, je devinais que d'autres horizons s'ouvraient à moi.

Au terme de mon séjour chez Dessange, mon expérience s'était considérablement enrichie. Lorsque je l'ai quitté pour entrer chez Carita, je n'étais plus un petit débutant. Je n'avais guère que seize ans, mais je savais comment fonctionnait un grand salon et ce qu'était un studio.

Les sœurs Carita occupaient la première place dans le monde de la coiffure et leur réputation s'étendait bien au-delà des frontières de l'Hexagone. Beaucoup rêvaient de travailler dans l'immense salon du faubourg Saint-Honoré, ainsi qu'en témoignait la liste des candidats, longue d'au moins deux cents noms. Heureusement mon cousin exerçait à présent chez Carita, ce qui m'a permis de ne pas trop attendre pour faire un essai.

Je me suis tout de suite senti à l'aise dans ce

salon qui couvrait quatre étages et bourdonnait comme une ruche avec ses quelque cent trente employés. Entré en qualité de boucleur, j'ai d'abord travaillé pour les coiffeurs, qui me confiaient des mises en plis. L'univers des salons était organisé suivant une hiérarchie précise, dont on gravissait progressivement les échelons. C'est toujours le cas aujourd'hui, mais les fonctions se sont modifiées, certaines ont disparu, tandis que les rapports ont évolué. Au bas de l'échelle se trouvaient les apprentis, qui ne possédaient pas de formation spécifique et dont le sort n'avait rien d'enviable. Leur tâche consistait pour l'essentiel à faire les courses. Ensuite venaient les shampouineurs, puis les assistants qui se contentaient souvent de passer les épingles et les bigoudis. Les boucleurs, quant à eux, s'occupaient des mises en plis et devaient poser les rouleaux sur la nuque, laissant aux coiffeurs le soin d'enrouler les autres mèches. Toutefois la nuque avait tendance à s'étendre étrangement au fil des jours, de sorte que le boucleur finissait par mettre tous les rouleaux ou presque... Passé ce stade, on devenait débutant coiffeur, avant de terminer coiffeur.

 Le salon ouvrait ses portes vers neuf heures et demie, mais j'arrivais chaque jour en avance pour les préparatifs. Je commençais par nettoyer les miroirs des coiffeuses, puis je préparais les bols de bière dont on se servait pour les mises en plis. Il fallait en disposer un sur chaque coiffeuse, avec un récipient d'eau, sans oublier d'y placer des petits carrés d'éponge qu'on avait découpés. Je veillais aussi à laver les brosses et les peignes de mademoiselle Carita, afin que tout soit nickel lors de l'arrivée des premières clientes. Le soir, je partais plus tard pour avoir le temps de coiffer les perruques et les postiches, qui étaient très prisés à l'époque.

Au bout de quelque temps, je suis devenu l'assistant d'une des deux sœurs Carita et je me suis vu confier quelques coupes pour hommes. J'étais fort impressionné, car la clientèle masculine, peu nombreuse, ne comprenait que des célébrités, comme Vadim, Cardin, Eddy Barclay... Et je n'étais pas peu fier de m'occuper personnellement de Jean-Noël Grinda, le numéro un du tennis français! La clientèle féminine n'était pas moins choisie et j'aimais bien m'attarder le soir, lorsque Brigitte Bardot ou Catherine Deneuve venaient se faire coiffer. Catherine Deneuve portait à ce moment-là une coiffure qui a connu beaucoup de succès : des cheveux longs sagement tirés en arrière, retenus par un gros nœud de velours sur le sommet de la tête, et qui retombaient en s'évasant.

Tout comme chez Jacques Dessange, il fallait apporter un soin méticuleux à son travail. Quand j'étais chargé de boucler une nuque, il valait mieux pour moi qu'aucun cheveu ne rebique une fois les rouleaux enlevés, sinon c'était la tempête. « Mais qu'est-ce que c'est que ça? rugissait mademoiselle Carita. Vous êtes un imbécile! » Maria et Rosy Carita étaient très exigeantes sur le plan de la technique. Elles avaient le souci du détail, de la finition parfaite, qu'on retrouvait jusque dans la manière de faire une boucle. On formait la boucle au doigt et, pour la tenir, au lieu d'uti-

liser une pince, on se servait de petites épingles
« neige ». C'était un exercice difficile – les mèches
glissaient, les épingles tombaient! – mais qui présentait l'avantage de ne pas laisser de marques.
Si Jacques Dessange voulait lui aussi un résultat
impeccable, il attachait plus d'importance à l'allure générale et entrait moins dans le détail. Il
travaillait les cheveux d'une manière assez nouvelle, pour réaliser des coupes dégradées, mi-longues, en bandeaux lisses. J'en avais retiré un
enseignement utile que venait compléter la
rigueur technique des sœurs Carita.

Chacun d'eux avait ses méthodes et ses coupes,
dont il se gardait bien de dévoiler le secret, y
compris à ses propres collaborateurs. Il fallait se
débrouiller, les regarder travailler et s'entraîner
tout seul. C'est une habitude que mademoiselle
Carita a d'ailleurs gardée envers et contre tous.
Il m'est arrivé, plus tard, de la croiser lorsque je
faisais des studios et cela m'amusait toujours de
la voir dissimuler soigneusement son travail aux
regards indiscrets.

Je m'appliquais à progresser et au fil des mois
mes résultats s'amélioraient. Petit à petit, mes
responsabilités se sont accrues et j'ai pu participer
à d'autres activités, comme les présentations de
collections des grands couturiers. Pour mes premiers défilés, je me suis contenté de passer les
épingles en regardant les coiffeurs préparer les
mannequins. Elles portaient toutes des cheveux
longs, qu'on apprêtait en chignons sophistiqués.
Remonter une chevelure en quelques gestes au
moyen de trois ou quatre épingles nécessite un
coup de main particulier qu'on ne possède pas

du jour au lendemain. Après m'être exercé à faire des chignons sur mes amies, j'ai commencé à prendre une part plus active à la préparation des modèles. C'était une excellente école pour acquérir rapidité et habileté. Quand nous devions, à cinq, coiffer vingt mannequins, les hésitations et les maladresses n'étaient plus de mise! Fort de cette expérience, j'ai pu aller à Cannes et à Deauville où mademoiselle Carita m'envoyait coiffer diverses personnalités, à l'occasion d'un festival ou d'une manifestation importante.

Tout semblait donc bien se dérouler pour moi. Mon travail donnait satisfaction et, de boucleur, je suis passé débutant coiffeur. Au bout d'un an et demi, je n'attendais plus qu'une chose : être nommé coiffeur. Je m'en sentais les capacités, puisque sans en avoir le titre j'en remplissais les fonctions. Mais c'était compter sans mon âge... Coiffeur à dix-sept ans? Absurde! me disait-on. Même si j'en étais capable, j'étais trop jeune! Il me fallait patienter, un point c'est tout. C'était dur à digérer, surtout quand d'autres, moins bons techniquement, devenaient coiffeurs parce qu'ils avaient quelques années de plus. Je rongeais mon frein, dépité, tant cette situation me paraissait injuste. J'ai fini par me décourager et j'ai décidé de partir pour tenter ma chance ailleurs.

A ce moment-là, une autre étoile montait en flèche au firmament des créateurs. Elle s'appelait Thérèse Chardin et ses coiffures romantiques apportaient un vent nouveau, plein de fraîcheur. Enfant chérie des magazines *Elle* et *Marie-Claire*, elle avait créé les premières coupes de charme, aux flous vaporeux. Son style original me plaisait beaucoup et j'ai eu envie de travailler avec elle. Peu après avoir quitté Carita, j'ai fait un essai qui m'a permis d'entrer chez elle, cette fois-ci en qualité de coiffeur.

Elle s'était installée rue Lincoln, en étage. Son salon au décor raffiné attirait une clientèle jeune et « dans le coup », comme on disait alors, en particulier les mannequins des journaux de mode. Là, j'ai commencé à bien maîtriser les techniques de coupe et à gagner en assurance. Thérèse Chardin me confiait de nombreux studios, me donnant ainsi la possibilité de progresser. Au contact de cette femme merveilleuse, artiste au fond de l'âme, je me suis affirmé, aidé en cela par le climat de confiance qui s'était instauré entre nous. Lorsque j'ai suggéré par exemple de troquer le costume contre la chemise, afin d'être plus à l'aise pour coiffer, elle ne s'y est pas opposée. En revanche ma proposition a provoqué les hurlements des coiffeurs. « Mais tu es fou! A quoi on va ressembler, je te le demande! » J'ai quand même obtenu gain de cause et tout le monde s'est retrouvé en chemise!

Comme nous nous entendions très bien, j'avais envie de créer un salon avec Thérèse. Ce projet lui convenait, à condition que nous puissions nous installer loin de Paris. Pour ma part, je ne voulais pas quitter la capitale. La province était beaucoup moins vivante et créative qu'aujourd'hui. Je coiffais beaucoup pour les magazines et je tenais à poursuivre cette activité. Où le faire ailleurs qu'à Paris? Me demander de m'exiler sur une île déserte ne m'aurait pas semblé pire! Pourtant l'idée de monter un salon me séduisait. Je sentais que le moment était venu de me lancer et de créer par moi-même. Mon séjour chez Thérèse Chardin m'avait mûri, tout en développant en moi un formidable désir de travailler seul. Je suis parti à regret, après un an et demi d'une collaboration fructueuse, pour tenter sans elle une nouvelle aventure. Et quelques mois plus tard, en 1961, Elrhodes ouvrait ses portes avenue Mozart.

Les sept années qui ont suivi ont été à l'image de la décennie, folles et exaltantes. Une sorte de boulimie, de frénésie s'était emparée de la jeunesse. On vibrait au rythme des transistors et des chanteurs yé-yé, on se précipitait aux concerts des Beatles et des Rolling Stones, on se ruait au cinéma pour y voir les derniers films des cinéastes de la « nouvelle vague »... C'était un déferlement, une explosion. J'ai vécu cette période à un rythme endiablé, dévorant le temps comme s'il m'était compté. Porté par mon enthousiasme, je fonçais, prêt à toutes les audaces pour aller de l'avant, dans une course effrénée que rien ne semblait devoir arrêter. J'ai pris un tournant important puisque, pour la première fois de ma carrière, j'ai commencé à faire œuvre créatrice. J'avais été jusque-là un bon coiffeur, capable de reproduire le style des autres. Peu à peu je me suis démarqué pour concevoir des coiffures plus personnelles, qui portaient ma griffe.

C'est bien d'avoir un projet, encore faut-il pouvoir le réaliser! Évidemment ni mon cousin, qui était mon partenaire dans cette affaire, ni moi-même n'avions le premier centime pour démarrer. Sans l'aide de mon père, qui a cru à notre idée au point de donner les garanties financières nécessaires, notre salon n'aurait pas vu le jour. Il avait compris la volonté qui m'animait et il n'a pas hésité à s'investir complètement pour me soutenir.

Nos débuts ont été difficiles. Notre jeunesse – j'avais dix-neuf ans, mon cousin vingt-sept – n'inspirait pas confiance. Les journaux nous ignoraient, le public n'avait jamais entendu parler de nous... Bref, le tableau était plutôt sombre. Qui plus est, les gens avertis nous prenaient pour des fous. Pensez donc! Aller s'installer dans le XVIe alors que tout se passait dans le quartier du faubourg Saint-Honoré ou des Champs-Élysées! C'était assurément un signe de démence. Fort heureusement, la situation a évolué depuis, mais en 1961 le XVIe arrondissement était considéré comme le bout du monde, la campagne. Nous avons été les premiers avec Renoma à nous décentraliser, à sortir du carcan du Faubourg. En dépit des prévisions les plus pessimistes, nous avons tenu notre pari, les gens se sont déplacés pour nous voir. Du coup, la formule a fait des adeptes et, quelques années plus tard, il n'y avait rien de plus chic que d'ouvrir une boutique dans le XVIe.

La célébrité n'est pas arrivée du jour au lendemain. Nous avons dû nous battre pour imposer notre style, notre nom, et nous constituer une clientèle. Les clientes que nous avions dans nos anciens salons ne nous avaient pas suivis, car on va chez un grand nom de la coiffure pour un style donné, non pour tel ou tel coiffeur. Si celui qui s'occupe de vous habituellement part, vous ne lui emboîtez pas le pas, vous en changez. Du côté des magazines, ce n'était guère mieux. L'amnésie en quelque sorte! J'y avais accompli un travail important lorsque j'étais chez Thérèse Chardin et l'on se souvenait effectivement d'un certain Jean-Marc de chez Chardin. Par contre, Jean-Marc Elrhodes, on ne connaissait pas. J'avais beau leur proposer des idées originales, on ne voulait rien savoir. Je n'étais qu'un petit jeune, qui devait d'abord faire ses preuves. Cela dit, j'avais parfois l'agréable surprise de retrouver, quelque temps après, ces mêmes idées dans ces mêmes journaux, mais sous des signatures plus prestigieuses que la mienne... De quoi devenir enragé!

Notre style, résolument plus jeune, a fini par percer, malgré tout, grâce à deux facteurs : les vedettes de cinéma et de la chanson d'une part et les coupes originales que nous avons lancées en 1964 d'autre part. Attirer les stars, alors que nous débutions, n'était pas évident. Nous disposions toutefois d'un atout de poids et de charme en la personne de Dany Saval, qui s'était prise d'amitié pour nous. Elle n'a pas ménagé sa peine pour nous présenter et nous introduire dans le monde du spectacle. Actrice connue et appréciée du public, son nom nous a fait une publicité importante. On en venait à parler du « salon de Dany Saval » plutôt que d'Elrhodes! Toute une génération avait adopté sa grosse frange, ses cheveux au carré et ses chignons. Le phénomène du vedettariat auquel on a assisté pendant cette période est peut-être plus difficile à concevoir aujourd'hui. Il s'est déplacé du cinéma à la chanson et se limite surtout à des groupes de fans. En règle générale, on ne s'identifie plus à une star au point de vouloir porter la même coiffure et des vêtements identiques. On peut s'en inspirer, mais en cherchant à les adapter à sa propre personnalité. On désire avant tout être soi-même, non la copie conforme de Catherine Deneuve ou d'Alain Delon. Dans les années soixante, on s'ingéniait à ressembler à une vedette jusque dans les moindres détails. Il fallait être coiffée, vêtue comme Brigitte Bardot ou Sylvie Vartan, même si cela donnait parfois des résultats épouvantables. Cela n'avait pas d'importance, du moment qu'on était « dans le coup »! Curieuse époque où pour se faire remarquer on effaçait sa propre personnalité pour en endosser une autre... Le culte de la ressemblance, en quelque sorte! Je n'ai pas moi-même échappé à la règle, je voulais être à la mode comme tout le monde! Avec le recul, je trouve cela amusant et un peu ridicule.

Quoi qu'il en soit, nous avons tiré parti de cette situation et le fait de coiffer des gens connus a contribué à asseoir notre réputation. Nous nous sommes démenés tels des diables pour avoir le privilège de nous occuper des stars, dont le renom nous amènerait à coup sûr une clientèle importante. Nous allions partout, assistant à toutes les soirées, aux premières, aux galas; une fois dans la place, nous nous présentions et invitions les uns et les autres à venir nous voir. De vrais hommes-sandwiches, les panneaux en moins! Nous vivions à un rythme insensé, ce qui n'était pas pour me déplaire. Après une journée éreintante, où nous avions coiffé de neuf heures du matin à vingt-deux heures sans même nous arrêter pour manger, nous ne nous faisions pas prier pour aller dîner avec nos derniers clients et finir la soirée dans une boîte de nuit... La timidité ne nous étouffait pas et je saisissais toutes les occasions pour parler du salon. Je me souviens m'être un jour rué sur Catherine Deneuve dans l'espoir de l'avoir comme cliente. Cela se passait à Tahiti-Plage, alors qu'elle s'apprêtait à monter sur un bateau en compagnie de Vadim. L'ayant aperçue, je me suis précipité pour me présenter. Me voilà parti dans un long discours, lui expliquant qui j'étais – « Elrhodes, vous connaissez? Dany Saval... » –, combien j'aimerais qu'elle nous rende visite si elle le voulait bien, etc. J'ai dû être convaincant car elle est venue pendant une période, avant de s'en retourner chez Carita.

Afin de multiplier mes chances, je veillais à passer mes vacances à Saint-Tropez, à Deauville, enfin dans tous les endroits où il était de bon ton de se montrer! C'est comme cela que j'ai rencontré Jean-Claude Brialy qui, depuis, est devenu un ami. J'étais à Saint-Tropez avec des copains comédiens. Un soir ils m'annoncent qu'ils ont rendez-vous le jour suivant avec Jean-Claude Brialy, à Juan-les-Pins. Il tournait à ce moment-là un film de Cayatte, *Le Glaive et la Balance,* aux côtés d'Anthony Perkins. Je n'ai eu qu'un cri : « Je viens avec vous! » Brialy était mon idole. Je faisais tout pour lui ressembler! J'achetais les mêmes chemises, les mêmes cravates, j'allais voir ses films trois fois de suite pour être certain d'avoir bien noté la couleur de son costume, le nombre de boutons de sa veste... J'essayais de copier ses gestes, ses expressions. Du délire! Alors le voir en chair et en os, c'était le rêve! Le lendemain, nous retrouvons donc Jean-Claude Brialy et, le tournage terminé, nous partons tous dîner. Au bout d'un moment, il se tourne vers moi pour me demander, en souriant :

« Et toi, qu'est-ce que tu fais dans la vie?
– Moi? Je suis coiffeur.
– Coiffeur? Parfait! Alors tu vas me couper les cheveux! »

Brialy dans mon salon? Je n'osais y croire. Je lui ai effectivement coupé les cheveux et il est devenu un habitué d'Elrhodes. Grâce à lui, nous avons pu compter parmi notre clientèle Monica Vitti, Françoise Hardy, Jane Fonda... Dès qu'il le pouvait, il nous recommandait, nous amenait des comédiens et des comédiennes.

Tout cela a fini par avoir un impact et notre

Monica Vitti lors du tournage de *La Ronde* de Vadim

A l'époque Elrhodes, avec Sylvie Vartan et mon cousin

La première tête de Mireille Mathieu chez Elrhodes

succès a grandi. Les clientes affluaient, caressant l'espoir de se faire coiffer à côté de Sophie Daumier ou de Johnny Halliday, de croiser Mylène Demongeot ou Sylvie Vartan. Quand Brialy venait, c'était l'émeute dans le salon! Mes propres troupes n'étaient pas épargnées par ce virus. On se chamaillait, on se disputait pour avoir l'honneur de coiffer un tel ou une telle. Je me souviens qu'un jour une bagarre a même éclaté entre deux shampouineurs, qui voulaient absolument laver les cheveux de Claude Rich. Le fait d'avoir créé les coupes de Mireille Mathieu, de Sylvie Vartan et de Johnny Halliday renforçait notre crédibilité tant aux yeux du public qu'à ceux des magazines. Nous avons connu Sylvie Vartan à ses débuts, par le biais de notre attachée de presse, Yvette Calmel, qui était aussi rédactrice à *Jours de France*.

Sa fille Mercedes, qui travaillait dans un journal pop, nous a appelés pour nous demander si nous pouvions nous occuper d'une jeune chanteuse, du nom de Sylvie. « Pas de problème ? Bien, je vous l'envoie. » Nous avons vu arriver une jeune fille brune aux cheveux courts. Nous avons commencé par la teindre en blonde, nous avons attendu que ses cheveux poussent et au bout d'un an nous sommes parvenus à la coupe style *Salut les copains* que tout le monde connaît. On se souvient certainement de ce casque blond avec des accroche-cœurs et une mèche balayée qui lui donnait l'air un peu boudeur. Par la suite elle nous a amené Johnny. Leur imprésario a pris l'habitude de nous adresser ses nouvelles recrues comme Mireille Mathieu, par exemple, pour qui nous avons créé une coupe ronde, courte, avec une frange qui laissait deviner les sourcils et se terminait en pointe sur le nez.

Sans ces noms prestigieux, nous ne serions pas parvenus à nous imposer, malgré les idées originales que nous apportions. Aujourd'hui il n'est plus utile de recourir à ce genre de publicité pour prouver sa crédibilité et sa capacité d'innovation, alors que dans les années soixante il nous fallait d'abord nous battre sur ce terrain pour espérer faire passer notre style. Au début d'Elrhodes, nous ne nous étions pas vraiment démarqués des autres salons quant à nos créations. Notre style était plus jeune, sans être très différent. Je me souviens encore des paroles d'Alice Chavanne, la rédactrice de la rubrique « Beauté » du journal *Elle,* lorsque j'étais allé la voir dans l'espoir de faire des studios. « Écoutez, mon petit, m'a-t-elle

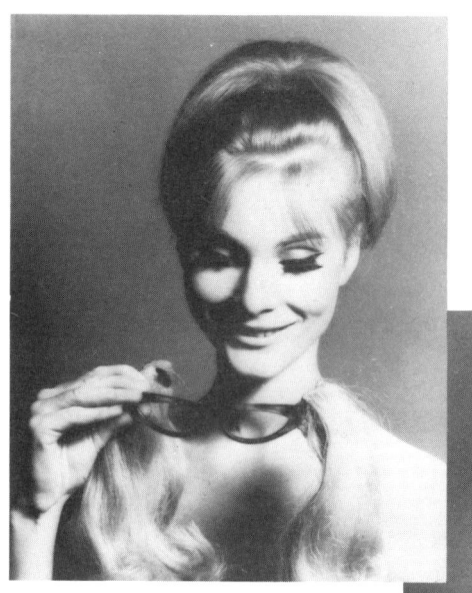

La créativité dans les postiches

dit, vous voulez travailler pour notre magazine, d'accord. Mais, pour que ce soit intéressant pour nous, il faut amener quelque chose de fort, faire du Sassoon. » Et c'est comme cela que nous avons lancé, vers 1964, des coupes d'un genre très différent de ce qu'on réalisait en France et qui portaient notre empreinte.

Vidal Sassoon venait d'inaugurer à Londres un mode de coiffure qui rompait avec toute une tradition. Délaissant les mises en plis et les bigoudis, il avait imaginé des coupes géométriques, aux lignes dures, asymétriques, avec des nuques à trois pointes. Tout le monde avait crié au scandale dans la coiffure française, mais il remportait un succès fou, car ce qu'il proposait était révolutionnaire. Fasciné par ces formes neuves et la force de ses créations, je suis parti en stage dans son salon londonien, pendant quinze jours, pour étudier ses techniques. De retour à Paris, j'ai commencé à travailler dans cet esprit et à élaborer des coupes très nouvelles. Mes lignes, mes angles étaient moins vifs que chez Sassoon, mes volumes plus enrobés, tout en gardant une grande originalité.

Nous avions enfin trouvé une idée dominante, à travers laquelle s'affirmait notre personnalité. Nous avons tout de suite réalisé des photos avec Peter Knapp, le directeur artistique de *Elle*, puis pour d'autres journaux dont *Marie-Claire,* qui jouissait aussi d'une audience considérable. Ces parutions eurent un retentissement certain et notre style vigoureux rencontra les faveurs du public. Certains n'ont voulu y voir qu'une mode passagère, appelée à disparaître rapidement, ce

Au premier salon Elrhodes. J'avais dix-neuf ans

en quoi ils se trompaient lourdement. L'évolution qui s'est dessinée à ce moment-là augurait du bouleversement que la coiffure allait connaître dans la décennie suivante. A dater de cette période, j'ai utilisé de moins en moins les mises en plis et les casques, pour travailler davantage les coupes. Les cheveux commençaient à bouger, à s'émanciper, une liberté toute relative par rapport à aujourd'hui mais déjà appréciable pour l'époque.

Nos créations ont attiré beaucoup de monde dans notre salon avenue Mozart. Le vendredi et le samedi, c'était la cohue. Les gens faisaient la queue pour les shampooings, depuis les bacs au fond du salon jusque dans la rue! Il fallait distribuer des numéros pour éviter le resquillage. Quoique de facture assez classique, le décor était chaud, alliant le bois et le marbre, sous un éclairage doux. Nous avions renoncé aux lustres ainsi qu'au mobilier de style des salons traditionnels, pour des appliques et des sièges contemporains aux formes allongées. Cet aménagement, moderne par bien des aspects, n'avait pas toutefois l'audace du second salon que nous avons ouvert en 1965, dans le quartier du faubourg Saint-Honoré. Eh oui, nous y sommes revenus, pour notre malheur d'ailleurs! Poussés par notre succès, nous avions décidé de nous agrandir, mais ce projet du Faubourg était démesuré et il a fini par engloutir toute notre affaire.

Nous avons racheté à prix d'or un hôtel particulier pour y installer un salon d'un type nouveau, doté d'un bar et d'un restaurant. Les salles étaient vastes, décorées dans le style pop'art, en noir et blanc, avec des projecteurs et des fils apparents partout. Chaque coiffeuse était pourvue d'un téléphone et les casques diffusaient de la musique. La décoration signée par Christian Gérard, un homme de talent, était superbe. Toute la presse de mode était venue pour l'ouverture et nous avions bénéficié d'une fantastique publicité. Mais, ironie du sort, le salon n'a pas connu le succès escompté. Adopté d'emblée par les mannequins, il était boudé par la clientèle classique qui ne se sentait pas à l'aise dans ce cadre inhabituel, trop audacieux pour l'époque. Nous avions vu très grand, au-dessus de nos moyens, sans mesurer les risques d'une telle opération.

Ce fut notre erreur, car tout le reste marchait bien. Nous avions créé des diffusions à Paris, une franchise à Londres, une autre à Tokyo. Nos

Elrhodes au faubourg Saint-Honoré

Elrhodes à Tokyo

Pour donner une idée de l'ambiance des shows comme celui de Tokyo, voici une photo prise en 1978 au palais de Chaillot où M. François Magnin, président du CAT mondial m'avait convié comme invité d'honneur au festival mondial de la coiffure

stands de postiches figuraient dans les grands magasins partout en Europe et nos perruques « Mireille Mathieu » et « Sylvie Vartan » s'y vendaient comme des petits pains. Notre salon londonien, situé au cœur de la capitale, aurait sans doute pu obtenir de meilleurs résultats que ceux qu'il connaissait, car nous avions une très bonne image de marque en Angleterre, où l'on nous associait volontiers à Vidal Sassoon. Cela tenait à la personnalité du manager choisi par nos partenaires, un ancien sergent de l'armée britannique, un homme charmant mais qui ne comprenait pas grand-chose à la mode et à la coiffure. Quoi qu'il advienne, le salon fermait impérativement à cinq heures! Je sais qu'un jour le photographe David Bailey l'avait appelé pour lui demander s'il pouvait lui envoyer un des coiffeurs du salon pour réaliser des photos. Le manager avait refusé, prétextant qu'il lui était impossible de se priver d'un coiffeur à ce moment-là, alors qu'il s'agissait d'un reportage pour le magazine *Vogue*... J'étais furieux quand j'ai appris cela! Il n'avait vraiment pas le sens du commerce!

En revanche, le succès du salon que nous avons ouvert à Tokyo en 1967 a largement dépassé nos espérances. Il est vrai que les Japonais n'avaient pas lésiné sur les moyens pour nous lancer. Pendant quinze jours nous n'avons pas eu une minute de répit, nous étions partout. Les émissions de télévision succédaient aux shows de coiffure dans des amphithéâtres de cinq ou six mille personnes, à un rythme si rapide qu'en deux semaines nous étions connus à travers tout le pays. Les Japonais allaient même jusqu'à nous arrêter dans la rue pour nous demander des autographes! Je n'en revenais pas. Comme ils avaient un certain retard dans le domaine de la coiffure, l'esprit nouveau que nous amenions les avait séduits, d'autant plus que nous étions les premiers coiffeurs français à nous installer au Japon. Notre salon se trouvait dans un grand magasin de Tokyo, à l'étage réservé aux couturiers français. Dès l'ouverture, il a été pris d'assaut, accueillant deux à trois cents personnes chaque jour. J'ai laissé sur place un de mes collaborateurs, dont la chevelure blonde faisait des ravages dans le cœur des Japonaises, afin qu'il s'occupe du recrutement et de la formation de nos coiffeurs.

Puis, fin 1967, cette merveilleuse aventure s'est arrêtée là. Nous nous étions développés trop vite, sans nous préoccuper vraiment de l'aspect financier de notre affaire. Le salon du faubourg Saint-Honoré s'avérait un gouffre qui nous tirait inexorablement vers le fond et notre style de plus en plus vif avait fini par effrayer une partie de notre clientèle. Je pense que nous étions en avance sur le goût du public, car parmi nos créations de l'époque beaucoup sont devenues des classiques dix ou quinze ans plus tard, comme les coupes au carré, les cheveux très courts gominés ou les cheveux mouillés. Notre collaboration avec les couturiers et les stylistes d'avant-garde nous incitait à imaginer des coupes toujours plus fortes, plus surprenantes, des boules très courtes ou des coiffures jouant sur différentes longueurs. Lorsque nous avions coiffé Emmanuelle Khan par exemple, nous lui avions fait une coupe très courte sur la nuque en lui laissant sur les côtés des cheveux longs, raides, qui tombaient en plongeant. Mais nous n'étions qu'en 1965 et ce genre de coupe ne plaisait qu'à une minorité.

Le puissant groupe Revlon nous avait fait des offres de rachat, tout en nous proposant d'aller aux États-Unis pour y monter une chaîne. Mal conseillés, nous avons rejeté cette proposition, sans avoir conscience de la gravité de notre situation. Et l'inévitable se produisit... Nous avions tenu jusque-là par miracle, ce qui ne pouvait durer éternellement. Le temps aidant, des divergences sont apparues entre mon cousin et moi-même et il a fallu se rendre à l'évidence : il nous était impossible de continuer sur cette voie. Nous nous sommes séparés, et mon père a dû vendre l'immeuble qu'il possédait rue d'Artois pour éponger toutes nos dettes. J'assistais, impuissant, désarmé, à la fin d'un rêve.

Depuis ce printemps 1955 où j'avais eu mon premier coup de foudre, treize ans s'étaient écoulés. Treize années de travail passionné, durant lesquelles j'avais gravi les échelons un à un, à force d'efforts, pour matérialiser cette vision féerique qui avait hanté mon imagination. Avais-je brûlé les étapes ? A treize ans écolier appliqué, à dix-sept ans et demi coiffeur, pour devenir mon propre maître à dix-neuf ans... Je ne le pense pas. Simplement, dans la fougue de ma jeunesse, je n'avais pas toujours su mesurer les réalités qui m'entouraient. Le réveil était amer. A vingt-six ans, je venais de tourner une page de ma vie, sans savoir encore comment s'écrirait la suivante.

II

Une révolution

Après la fin d'Elrhodes, j'ai traversé une période quelque peu difficile et le soutien que m'apportèrent mes parents et quelques amis me fut très précieux. Je venais de vivre une expérience pénible qui me laissait désemparé. Pour avoir voulu aller trop loin, trop vite, sans m'entourer des précautions nécessaires, je m'étais grillé les ailes. De l'édifice que j'avais mis sept ans à bâtir, il ne restait plus rien, si ce n'est le souvenir d'une époque exaltante sur laquelle je devais tirer un trait. Le choc était rude. Il me fallait maintenant le digérer et en tirer les leçons qui s'imposaient pour l'avenir.

Les semaines qui suivirent furent l'occasion de marquer une pause, de faire le point, tout en étudiant les possibilités qui s'offraient à moi. Ma situation se résumait en peu de mots : je voulais travailler, mais je n'avais plus de salon ni de nom. J'avais décidé de reprendre mes activités sous ma propre identité, mais, à l'exception des magazines, personne ne connaissait Jean-Marc Maniatis. Ce nom n'évoquait rien pour le public. Tout était donc à refaire, si je souhaitais me créer une image, une réputation. Et, pour y parvenir, le choix était mince. Ouvrir un salon et partir à la reconquête d'une clientèle? C'était une solution, mais je l'écartai d'emblée : je n'avais pas un sou. De plus, je ne me sentais pas l'envie de renouveler une expérience dont je gardais encore un souvenir cuisant. J'éprouvais le besoin de m'exprimer sur des bases différentes, dans un contexte moins contraignant. Jamais je n'ai regretté de ne pas m'être installé à ce moment-là, car je n'aurais pu jouir d'autant de liberté pour développer et creuser les nouveaux concepts que j'avais en tête. La rupture avec Elrhodes s'était en effet accompagnée d'une évolution profonde de mes idées. Fort de la technique que j'avais acquise jusque-là, je m'engageais dans une tout autre voie, qui se serait mal accommodée des obligations d'un salon.

Il me restait une seule possibilité : les magazines de mode. A la différence de ce qui s'était produit sept ans auparavant, je n'avais plus à faire, de ce côté-là, la preuve de mes capacités. J'avais beaucoup travaillé avec eux et, même si j'avais changé d'identité, on m'y connaissait encore. Par ce canal, j'arriverais à exposer mes conceptions et, qui sait, peut-être à intéresser le public...

En ce début d'année 1968, j'ai donc repris ma collaboration avec divers journaux, en particulier l'hebdomadaire *Elle,* et, au bout de quelque temps, la direction de ce magazine m'a proposé de m'adjoindre à son équipe. Travailler en exclusivité pour *Elle!* Je ne pouvais espérer mieux. L'offre me semblait trop séduisante pour que j'hésite un seul instant! Loin d'être le fruit du hasard, cette proposition faisait suite à une période d'observation qui leur avait permis de me sonder, de me tester. Il s'est trouvé que mon travail comme mes idées correspondaient à l'esprit qui animait le journal. Pour ma part, j'étais disponible, tout en ayant atteint, après treize ans de pratique, la maîtrise et la maturité nécessaires pour me lancer dans une telle entreprise. Et les circonstances avaient fait le reste, j'étais en quelque sorte arrivé au bon moment. L'aventure avait ceci d'original qu'aucun magazine de mode n'avait jusque-là utilisé les services d'un coiffeur à temps complet – et cela ne s'est jamais reproduit, du moins à ma connaissance. En règle générale, les journaux font appel à un coiffeur au coup par coup, en fonction de leurs numéros. Cette collaboration, qui s'effectue à titre gracieux, permet au coiffeur de bénéficier d'une publicité importante, dans la mesure où ses créations se trouvent ainsi largement diffusées auprès du public.

Avec mon entrée à *Elle* s'ouvrait une période d'intense créativité, trois ans d'une richesse extraordinaire et dont l'apport s'est révélé déterminant pour ma carrière. De 1968 à 1971, j'ai eu la chance de travailler pour un journal féminin qui comptait parmi les plus prestigieux. Venant en tête pour les tirages, *Elle* occupait une place de premier plan, si bien que, lorsque les mannequins recevaient une proposition du magazine, elles ne craignaient pas de remettre tous leurs engagements afin de saisir l'opportunité. Il est vrai qu'après quelques parutions leur carrière était assurée pour de longs mois.

L'équipe chargée de la réalisation du journal regroupait de grands professionnels. Qu'il s'agisse des rédactrices, des photographes ou de la direction artistique qu'animait Peter Knapp, tous connaissaient parfaitement leur métier. Cette compétence, alliée à une organisation d'une efficacité remarquable, explique pour une part le succès de l'hebdomadaire, qui a su aussi s'adapter en temps voulu aux aspirations nouvelles de ses lectrices. Toute une génération de jeunes photographes, tels que Claude Guillaumin, Patrick Demarchelier, André Carrara, Gilles Bensimon – et j'en oublie! –, est arrivée à ce moment-là, apportant un souffle neuf, un dynamisme très stimulant.

Grâce à Hélène Lazareff, *Elle* a été, je pense, l'un des premiers magazines de mode sinon à percevoir, du moins à tenter de s'ajuster à l'évolution profonde qui a marqué la fin des années soixante. D'autres, comme *Marie-Claire,* lui ont emboîté le pas dans la voie d'un rajeunissement, bousculant l'image qu'offrait traditionnellement la presse féminine. Les femmes avaient fini par se lasser des fiches-cuisine, des ouvrages de dames et de la silhouette « mannequin » et il leur devenait de plus en plus difficile de s'identifier à cet idéal désincarné qu'on leur renvoyait, sans rapport aucun avec leur vécu quotidien. Cumulant emploi, famille et tâches ménagères, elles ne retrouvaient plus leurs multiples visages dans les journaux qui leur étaient destinés. Sous peine d'un désintérêt croissant, il s'avérait urgent de répondre à leur attente, en abordant des sujets plus proches de leurs préoccupations et non en se contentant de distiller du rêve. De ce point de vue, un changement révélateur est intervenu, vers 1968, dans le choix des mannequins. Nous avons commencé à travailler avec des jeunes femmes qui ne cachaient plus leurs rondeurs. On revenait progressivement à une silhouette plus conforme à celle de la majorité des femmes, rompant en cela avec une tradition de modèles filiformes caractéristiques des années soixante, comme Twiggy ou Jean Shrimpton. Le maquillage s'est nuancé pour se faire plus discret, naturel, tout comme les coiffures, tandis que les poses perdaient de leur rigidité. Nous nous sommes efforcés de les placer dans des situations ancrées dans le réel, les décors sont devenus quotidiens : la campagne, l'herbe, un appartement... Même quand les prises de vue se déroulaient en studio, les photos avaient un côté moins sophistiqué, moins statique, le mouvement s'y ébauchait. Tout cela peut prêter à sourire aujourd'hui tant nous y sommes accoutumés et les magazines de cette époque nous sembleraient sans doute bien démodés. Pourtant il s'agissait alors d'un progrès considérable.

Une évolution similaire s'est dessinée dans les thèmes choisis par les périodiques. Jusque-là, la presse féminine consacrait l'essentiel de ses pages à la mode. On offrait du rêve. Sans que cet aspect soit délaissé, les sujets se sont diversifiés, les enquêtes multipliées, les numéros spéciaux « Petits Prix », « Beauté », « Cheveux » se sont développés, prodiguant adresses et conseils pratiques à l'intention des lectrices. Je collaborais pour ma part avec le service Beauté de *Elle* à la réalisation des pages réservées aux soins du cheveu. A l'aide de photos, de croquis, nous expliquions comment exécuter telle ou telle coiffure, comment se coiffer en fonction de la forme du visage (ce qui met en valeur une figure ronde, ce qu'il convient d'éviter avec des pommettes saillantes ou un front court...) et de la nature du cheveu (selon qu'il est raide, fin...). Ce type de rubrique constituait, dans le domaine de la coiffure, une nouveauté qui fut accueillie avec intérêt, si l'on en juge par le courrier adressé au journal. La coiffure se décidait enfin à sortir du secret des salons pour dévoiler quelques-uns de ses mystères, permettant ainsi aux femmes de se déterminer en meilleure connaissance de cause.

Elle ouvrait la voie, adoptant une démarche résolument moderne, et cet état d'esprit ne pouvait mieux me convenir puisque ma propre évolution allait dans le sens d'une plus grande liberté du cheveu. J'avais trouvé le cadre idéal pour mettre en œuvre les idées qui me tenaient à cœur, les enrichir, en me consacrant entièrement à la création. Et pendant trois ans ce furent là mes seules préoccupations.

J'avais pris du recul par rapport à ce que j'avais fait auparavant, je ne voulais plus de coiffures figées, apprêtées, qui nécessitaient des soins constants et fastidieux. J'avais envie de cheveux libres, qui bougent et vivent au rythme du quotidien, de coiffures qui permettent de nager, de danser, de travailler et de dormir sans contrainte. Des coiffures non seulement pour être belle mais surtout pour exister! J'avais toujours été frappé par le contraste saisissant qu'offraient Elvis et

Priscilla Presley. Tandis qu'il dansait et s'agitait sur scène, ses cheveux se mouvaient, épousaient ses mouvements avec un naturel qu'on aurait eu bien du mal à déceler dans l'image figée que présentait sa femme en toutes occasions : un casque laqué, un visage lourdement fardé, agrémenté d'une paire de faux cils. Je désirais en finir avec cette apparence artificielle, rigide et briser le carcan qui emprisonnait la tête des femmes. Il me fallait trouver le moyen de les débarrasser de la laque, du crêpage et des bigoudis, tout en leur permettant de rester bien coiffées.

C'est dans cette optique que j'ai commencé à travailler dès mon arrivée au journal, mais, bien que l'idée semble simple, la réalisation l'était beaucoup moins. En effet, jusque-là une coupe était conçue en fonction d'une mise en plis ou d'un brushing, ce qui signifie que sans rouleaux ou séchoir le résultat s'avérait désastreux. Si je voulais que le cheveu se comporte parfaitement, sans aucun artifice, je devais donc employer d'autres techniques que celles qu'on avait utilisées jusqu'alors. Et tout d'abord les inventer! Là où l'on ne passait habituellement que dix minutes, je mettais une heure pour placer, modeler les cheveux avec mes ciseaux, pour structurer ma coupe. Toute une architecture savante grâce à laquelle il suffisait de se laver la tête, de se la sécher pour être coiffée. Quel gain de temps pour une femme! Plus besoin de s'apprêter soigneusement pour la nuit afin d'éviter les faux plis! Plus besoin de consacrer une demi-heure tous les matins à se crêper, à se laquer! Finies les visites hebdomadaires chez le coiffeur pour se faire donner un coup de peigne! Avec mes méthodes, il était inutile de s'y rendre plus d'une fois par mois. Il devenait enfin possible de s'activer, de vivre sans se préoccuper de ses cheveux.

Ce principe, qui n'a cessé depuis de guider mon action, constituait une première. Certaines journalistes, notamment dans les pages du *Figaro*, voyaient même en moi un libérateur de la femme qui brisait le corset de sa chevelure. En affirmant qu'une coiffure était avant tout une coupe, je rompais avec des habitudes, un système vieux de plusieurs décennies. Et la réaction ne se fit guère attendre. Ce fut un tollé général dans le monde de la coiffure! J'étais fou, disait-on, avec de telles pratiques je risquais de couler la profession! Et d'ailleurs aucune femme ne voudrait de cela, je ne serais qu'un feu de paille...!

C'était faire preuve d'une myopie aiguë et nier l'évidence. Les femmes changeaient et une partie d'entre elles n'avaient plus envie de ces coiffures figées, sources de contraintes et d'insatisfaction. Je n'ai rien imposé, je me suis contenté de répondre à un besoin latent. Mon évolution collait à celle d'une génération de femmes dont le mode de vie se modifiait. Libérer leurs cheveux, c'était simplifier leur existence et révéler leur personnalité. Je ne pense pas me tromper en disant que ma démarche comblait une attente car, après un an de travail à *Elle,* les demandes ont commencé à affluer au journal. « Mais enfin, où peut-on trouver ce Maniatis? » « Je le cherche partout, mais rien à faire. Pouvez-vous me donner l'adresse? » Le ton se faisait parfois plus acerbe : « Bien sûr, vous le gardez pour vous! » Une situation délicate pour la rédaction, puisque la règle d'or du magazine voulait que les lectrices puissent se procurer les produits présentés... Je fus donc incité à envisager sérieusement la création d'un salon, tandis qu'on expliquait à nos correspondantes qu'elles seraient informées de ma prochaine installation. Et lorsque j'ai ouvert mon premier salon, en novembre 1970, j'ai vu arriver un nombre impressionnant de femmes qui boudaient les coiffeurs depuis un certain temps. Elles avaient entre dix-huit et trente ans et ne voulaient plus entendre parler de bigoudis ni de laque : faute de choix, elles n'allaient plus chez le coiffeur et se laissaient pousser les cheveux. Comme il n'existait pas par ailleurs de coupe pour cheveux longs, elles n'osaient pas franchir la porte d'un salon, de peur qu'une paire de ciseaux un peu trop zélée ne les prive de leur chevelure, sans autre forme de procès. Un cercle vicieux, somme toute!

Le malaise qu'elles ressentaient à juste titre était symptomatique de l'état d'esprit qui régnait dans la profession. Le coiffeur n'était pas à l'écoute de sa cliente, il imposait sa volonté, rendant tout dialogue impossible. J'ai eu du reste beaucoup de mal à persuader les mannequins qui travaillaient pour *Elle* de se laisser couper les cheveux. Dans les premiers temps j'ai souvent utilisé des perruques, parce qu'elles préféraient garder leurs cheveux longs. Leur réticence était imputable aux coiffeurs qui agissaient à leur égard sans plus de ménagements que pour les clientes. Ils ne se souciaient pas de savoir si telle ou telle coiffure convenait au modèle, ils coupaient, point final.

La perspective de vivre quatre ou cinq mois avec une tête qui vous est insupportable ne sourit à personne, moins encore si votre carrière en dépend! Leurs appréhensions ont peu à peu disparu quand elles se sont aperçues que je cherchais avant tout à mettre leur beauté en valeur et non à leur couper les cheveux pour me faire plaisir. Et la facilité d'entretien des coiffures que je leur proposais a fini par emporter leur conviction. Mais jamais je ne me serais permis de toucher à leurs cheveux si elles désiraient les porter longs. Le pouvoir d'une paire de ciseaux est tel qu'on n'a pas le droit de s'en servir à sa guise, au mépris d'une personnalité. D'autant qu'il suffit parfois d'un peu d'imagination pour révéler un visage par un simple détail – une boucle, une mèche légèrement éclaircie... – qui éviterait bien des drames et des humiliations.

Si bon nombre de femmes ont été tout de suite séduites par les avantages que présentait ma technique, j'ai aussi fait l'objet de critiques de la part de certaines lectrices de *Elle*. Mais on ne modifie pas les habitudes en un jour! Il s'agissait d'un concept tellement nouveau qu'il fallait le temps de s'y adapter. Ainsi, lorsque Mireille Mathieu est revenue me voir, Johnny Stark, son manager, ne parvenait pas à comprendre ce changement. J'avais créé pour elle une coupe très différente de celle des années soixante, toute dégradée, mi-longue, qui lui allait fort bien et ne nécessitait plus de soins spécifiques. Mais Johnny Stark, qui en était resté au brushing, voulait à toute force que je lui envoie un de mes assistants pour les galas. J'avais beau lui expliquer qu'un coiffeur n'aurait pu qu'abîmer la coupe, il n'y avait rien à faire, il s'entêtait... et lui a fait changer de coiffure et de coiffeur plutôt que de méthode.

Diffusées largement par le biais du magazine *Elle,* mes idées ont eu un impact qu'elles n'auraient pas connu si j'avais travaillé en salon. Elles bénéficiaient d'un label prestigieux, qui leur donnait un poids considérable, et, sous la pression de la demande, elles firent leur chemin dans la profession. Mais mes confrères ne disposaient pas de la même marge de manœuvre que moi. D'une part, il leur était impossible de reconvertir leurs équipes du jour au lendemain; d'autre part, il leur fallait tenir compte des habitudes de leurs clientes. Moi, je ne connaissais aucun frein. Sans salon, je n'avais pas à craindre de heurter ni de perdre une clientèle, je pouvais aller de l'avant, sans contrainte, créer, proposer des idées que le public était libre d'accepter ou de rejeter. De plus j'avais pris, sur le plan technique, une longueur d'avance que j'étais en mesure de conserver. Sans cette expérience, je pense que je n'aurais pas progressé aussi vite. Du point de vue créatif, les trois ans que j'ai passés à *Elle* valaient quinze ans dans un salon! J'ai pu, pendant cette période, parfaire mes techniques et apprendre à travailler en fonction d'une silhouette, d'un visage, d'une nature de cheveux, autant de principes essentiels qui, bien qu'évidents, ne sont pas encore appliqués partout aujourd'hui. A mon plus grand regret.

Le travail qu'on effectue pour des photos requiert des qualités et une méthode différentes de celles qu'on exige en salon. Il faut être rapide, imaginatif, savoir s'adapter à toutes les situations et trouver la bonne idée au bon moment. Si, il y a vingt ans, les coiffeurs cumulaient salon et studios, il s'est avéré peu à peu nécessaire de distinguer ces deux activités. Il existe maintenant des professionnels qui ne se consacrent qu'aux studios, tout comme d'autres exercent uniquement au cinéma. Lorsque j'ai quitté le journal *Elle*, j'ai constitué une équipe spécifique, qui travaille pour les magazines et la publicité (presse, télévision, cinéma). Ces collaborateurs, formés par mes soins, selon mes techniques, suivent un entraînement régulier au même titre que les coiffeurs de mes salons.

Lorsqu'on coiffe un mannequin pour une prise de vue, plusieurs facteurs interviennent. Outre la personnalité, les cheveux du modèle et les vêtements présentés, on doit tenir compte du style de la photo (très artistique ou plus naturelle), de la conception du photographe, de l'effet qu'il recherche, de la lumière, du décor (extérieur ou studio)... Tout un ensemble d'éléments étudiés dans les moindres détails, y compris pour les photos qui paraissent simples. Les magazines disposent d'ailleurs d'une organisation solide. Ils ont souvent leurs propres studios, qui comportent plusieurs plateaux, sur lesquels s'activent décorateurs, maquilleurs, photographes...

Le coiffeur doit faire appel à toute son imagination pour résoudre les problèmes les plus divers, compte tenu des besoins du photographe avec qui il travaille. Lorsque j'étais à *Elle,* j'ai eu l'occasion de collaborer avec trois grands de la photographie, Helmut Newton, Hans Feurer et Guy

Envers du décor : les cheveux sont collés sur un carton

Bourdin, qui s'associaient pour la réalisation de certains numéros. De prodigieux artistes au contact desquels mon expérience s'est considérablement enrichie. Une photo était pour eux une mise en scène minutieuse qui obéissait à des règles précises, selon un style propre à chacun. Sous l'œil d'Helmut Newton, les femmes semblaient provocantes et lointaines, tandis que Hans Feurer les voyait plus sophistiquées, mais un brin plus sauvages. Un même mannequin se transformait ainsi en trois femmes différentes suivant le photographe, une métamorphose fascinante et subtile qui nous obligeait chaque fois à construire une personnalité distincte.

Par la suite, j'ai continué à travailler avec eux, en particulier avec Guy Bourdin, un homme plein de talent et d'humour, qui avait parfois des idées étonnantes. Il avait imaginé pour moi, en 1974, une publicité fort amusante. C'était au moment de l'élection présidentielle. Dans la France entière, on pouvait lire, sur de gigantesques panneaux, cette formule choc : « Valéry Giscard d'Estaing – Un vrai président », qui encadrait le portrait du candidat. Plus par jeu que par provocation, Guy Bourdin m'a suggéré de m'en inspirer pour une campagne d'affichage dans Paris, persuadé que je n'oserais pas accepter. Je l'ai pris au mot et nous nous sommes mis en devoir de préparer l'affiche. Ce ne fut pas une mince affaire! Il a fallu trouver un costume identique, me couper les cheveux très court (très dur!) et reprendre inlassablement la pose sous l'œil impitoyable de Guy Bourdin, jusqu'à ce que mon air sérieux (encore plus dur!) lui paraisse suffisamment convaincant.

UN VRAI COIFFEUR

JEAN-MARC MANIATIS

Affiche post-présidentielle. Photo Guy Bourdin

Nous avons ensuite choisi quelques endroits stratégiques dans la capitale pour placarder mon portrait. Je dois reconnaître que notre copie était assez réussie. Les gens passaient une première fois sans marquer de surprise, puis s'arrêtaient brusquement et faisaient demi-tour pour venir regarder une nouvelle fois l'affiche, qui proclamait, en guise de clin d'œil : « Jean-Marc Maniatis – Un vrai coiffeur. »

Comme pour tout magazine, nous avions, à *Elle,* deux sortes de numéros, ceux qui suivaient les temps forts de la mode et les autres. Le premier groupe comprenait le numéro consacré au prêt-à-porter et celui des collections, publiés deux fois par an, ainsi que le numéro annuel réservé au « style *Elle* ». Ils me demandaient une préparation et un travail plus importants dans la mesure où je devais trouver des idées directionnelles très fortes, dégager une tendance pour la saison.

Cela ne signifie pas que je préparais moins les autres numéros, mais ils procédaient d'une démarche différente. Nous choisissions ensemble un thème sur lequel je réfléchissais. Une semaine, ce pouvait être la maille, une autre les blazers... Je l'étudiais, je cherchais une idée nouvelle pour l'illustrer, puis j'en discutais avec le service de la mode, avant de passer à l'exécution. Pour chaque sujet, je m'efforçais de dégager une unité, tout en apportant une touche originale afin de ne pas reproduire les mêmes coiffures d'une semaine sur l'autre. Par exemple, pour un reportage qui traitait des robes du soir, j'avais retenu le chignon comme idée dominante. Sur une photo, j'utilisais des chignons de plumes multicolores retenus par des liens de satin, dans la suivante ils étaient en laine, plus loin je les piquais d'étoiles... Je souhaitais toujours proposer une coiffure différente, mais qui reste de réalisation facile afin que les lectrices puissent s'en inspirer si elles en avaient envie. J'essayais de travailler sur toutes les longueurs de cheveux, de manière à leur présenter un large éventail de choix. Quelle que soit leur coupe, je voulais donner la possibilité aux femmes de se décider librement et de se transformer au gré de leurs humeurs. Nous n'hésitions pas, au besoin, à leur indiquer comment procéder.

Je pense que cette démarche a contribué à démocratiser la coiffure, tout en la désacralisant. Subitement elle n'était plus l'apanage de quelques privilégiées qui avaient les moyens de s'offrir les grands salons. Avec un peu d'imagination, on pouvait aussi être belle à moindres frais. Expliquée, décortiquée, la coiffure s'étalait au grand jour et se faisait plus tangible. Débarrassée de sa rigidité, elle dévoilait ses richesses, permettant de jouer sur les envies d'un soir, d'une fête. La facilité n'exclut pas la fantaisie et il nous arrivait de présenter des coiffures un peu plus folles, à l'occasion d'un « Spécial fêtes » ou d'un reportage sur les tenues de soirée. Je m'amusais à faire d'énormes volumes, vaporeux, en frisant les cheveux très serré à l'aide de bigoudis de permanente, sans liquide, ou bien je les bouclais tout autour de la tête, avant de les entrelacer d'un ruban de couleur. Autant d'idées simples pour changer de tête pendant deux jours.

Suivant mes envies, j'utilisais toutes sortes de

matériaux pour égayer les chevelures : les bandeaux et les liens de peau multicolores, taillés par mon père pour la circonstance, les attaches et les postiches en laine... J'ai créé ainsi des perruques en laine blanche montées sur un tulle, des perruques en laine frisée de tons différents. Tout devenait possible, pour peu qu'on veuille débrider la coiffure et redonner vie et gaieté aux cheveux!

J'ai parfois fait preuve de plus d'excentricité durant cette période. Pour la haute couture par exemple, mais cela s'adressait à d'autres publics, *Elle* ayant le souci de rester très proche de la réalité quotidienne. Pour le magazine *Vogue* italien, j'avais coiffé les mannequins, qui présentaient une collection de Karl Lagerfeld, de perruques flamboyantes, rouge et or. Mais, quand j'ai eu cette idée, je ne pensais pas que cela deviendrait une mode quelques années après. Sans nous livrer à autant d'extravagances dans les pages du journal *Elle,* nous avons tout de même essayé de donner une autre image de la haute couture, qui semblait trop sophistiquée dans les magazines. Rompant avec la tradition du chignon banane, travaillé, empesé comme à l'ordinaire (depuis mes premiers défilés, la situation n'avait guère évolué!), nous avons choisi des filles très jeunes, que je coiffais dans un style actuel, cheveux plus courts, plus libres. Du même coup la haute couture perdait son caractère irréel, intouchable, pour s'animer, attirer l'œil. Présentée avec des coiffures très simples, une collection de Chanel prenait immédiatement une autre dimension! C'en était fini de la gravure de mode, triste et figée. Nous voulions produire de belles images qui éveillent l'intérêt et fassent envie.

Pour obtenir ces belles images, j'ai appris à travailler non plus seulement à partir d'un visage, mais en fonction d'une silhouette. Évident me direz-vous! Aujourd'hui peut-être, mais jusqu'en 1968 on ne s'était pas soucié de cet aspect. On s'occupait d'une tête sans tenir compte de l'allure générale, ce qui donnait parfois des résultats surprenants pour ne pas dire disgracieux. Il suffit pour s'en convaincre de regarder des photos des années soixante. On n'hésitait pas à écraser une petite taille sous un gros volume, par exemple. Cela n'avait pas d'importance, à partir du moment où l'on était à la mode...!

Dès mon arrivée à *Elle*, j'ai commencé à élaborer mes coiffures suivant les vêtements que

Coupe singe 1970. Photo Peter Knapp

nous devions présenter, de façon à dégager une ligne harmonieuse. Pour composer une tête, j'étudiais la carrure, la longueur du manteau ou du blazer qu'allait porter le mannequin. S'il s'agissait d'une veste très épaulée, je cherchais à compenser avec les cheveux. Il me fallait jouer sans cesse sur la longueur, le volume de la chevelure, afin de trouver le juste équilibre. Ainsi la coupe « à la singe », que j'ai créée en 1969, correspondait à la silhouette de cette période : une petite tête aux cheveux mi-longs, dégradés en toutes petites mèches le long du visage jusqu'à la base du cou, qui s'harmonisait avec les longs manteaux étroits qu'on portait sur des mini-jupes moulantes. J'appliquais le même principe lorsqu'il s'agissait de transformer des lectrices, des écolières ou des lycéennes, pour les changer des pieds à la tête. C'était un travail passionnant que de participer à cette métamorphose, de révéler une personnalité en composant avec un visage, un corps. J'ai tiré de ces expériences des enseignements qui se sont avérés très utiles par la suite, notamment quand j'ai commencé à coiffer des comédiens pour un film et un rôle déterminés.

Compte tenu du rythme des parutions, un numéro par semaine, il me fallait trouver des idées originales à une cadence assez rapide. Cela ne constituait pas vraiment une difficulté, puisque je pouvais m'y consacrer entièrement. Je puisais mon inspiration partout. Il suffit souvent de garder l'esprit en éveil et de regarder autour de soi pour que l'idée jaillisse. Mes projets se sont parfois ébauchés au hasard d'une rencontre, dans la

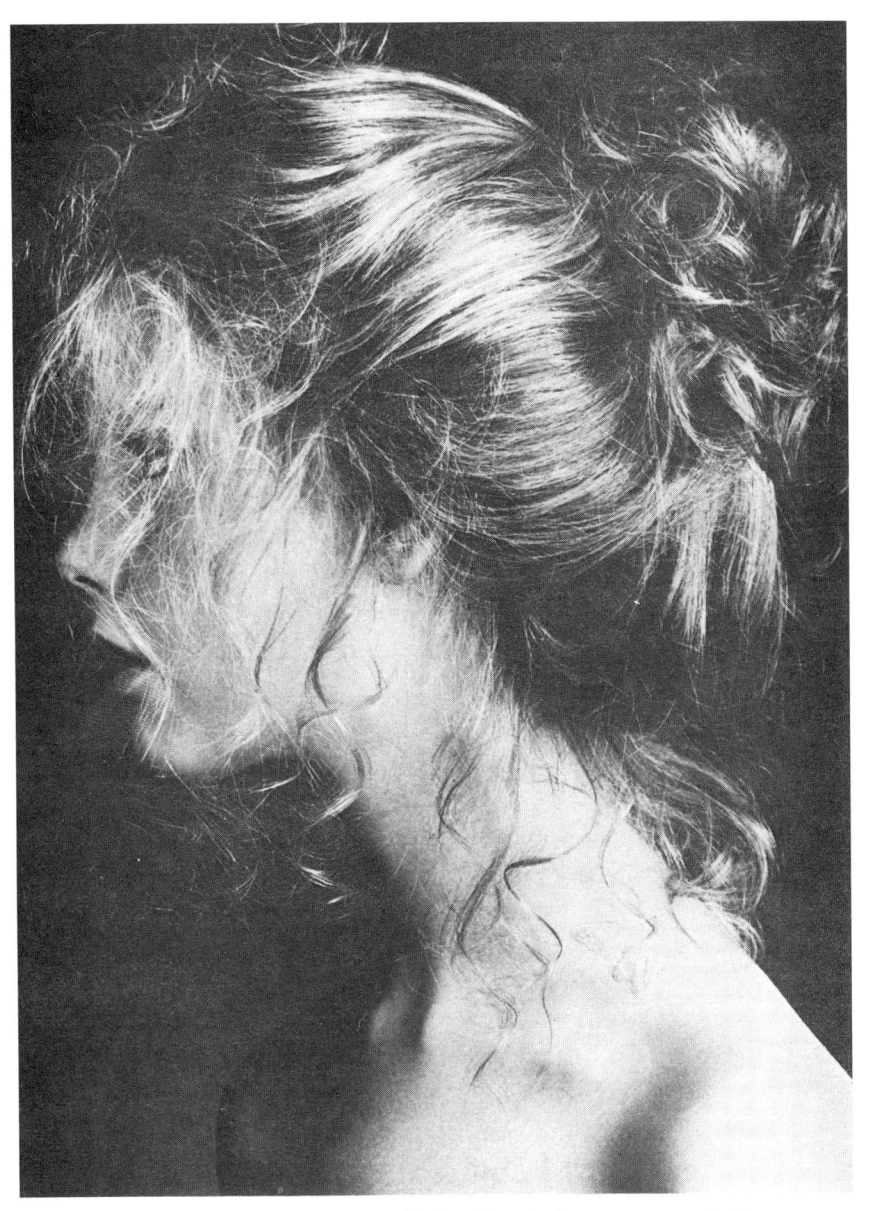

Chignon flou « La goulue », avec un effet de voilette de cheveux, en souvenir d'une visite au Louvre. Photo Alex Chatelain

rue ou dans le métro, en observant une coiffure d'apparence banale. Une mèche, une frange, un mouvement retient mon attention, j'enregistre le détail et je le repense à ma manière pour en extraire quelque chose de totalement différent. Je me suis aussi inspiré de mes visites dans les musées, qui regorgent de trésors pour le spectateur attentif. C'est en me promenant au Louvre que j'ai imaginé mes petites têtes toutes bouclées, qui ont connu un certain succès en 1970. J'avais été séduit par la chevelure courte et bouclée des statues grecques et j'ai eu envie d'en faire une coupe. Le Louvre m'a également suggéré une coiffure plus romantique, un chignon flou, qui paraissait tenir sur la nuque avec une seule épingle et dont s'échappaient quelques mèches légères pour créer un halo vaporeux tout autour du visage.

Les voyages à l'étranger que nous faisions pour le magazine étaient l'occasion de diversifier mes sources et de ramener des éléments nouveaux. Lors d'un séjour à Abidjan, où nous devions réaliser des photos, j'ai décidé de faire tresser les cheveux de nos mannequins à l'africaine. L'idée me paraissait amusante, d'autant qu'on n'avait jamais essayé ce type de coiffure sur des Blanches. Comme il s'agit d'un travail très complexe, nous avons eu recours aux services d'un coiffeur de la ville. L'effet de ces petites nattes très serrées sur des jeunes femmes aux cheveux clairs était saisissant! Ce style de coiffure a d'ailleurs eu bien des adeptes par la suite. C'est au cours d'un de ces mêmes voyages que j'ai conçu mes perruques afros, de gros volumes que j'ai teints en blanc, en bleu... Originales et drôles, elles ont tant plu que j'ai dû en commander en grande série pour les distribuer sous le label *Elle* dans les grands magasins.

Parallèlement je lisais beaucoup, je feuilletais les vieux magazines, en particulier ceux des années vingt, une période qui m'a toujours paru passionnante sur le plan esthétique. On a assisté, dans cette décennie, à un phénomène d'épuration des lignes dans la décoration comme dans la mode. La silhouette des années vingt est parfaitement équilibrée, une petite tête aux cheveux courts, un long cou, une robe fluide à taille basse. Il a fallu attendre longtemps pour retrouver une telle harmonie dans l'image féminine, un tel dépouillement des formes.

J'étudiais aussi avec soin les œuvres des peintres, des grands photographes... et même les bandes dessinées, qui m'ont inspiré, en 1971, une perruque « Tintin »!

D'autres facteurs, tels que la musique et les chanteurs, ont beaucoup influencé mes créations. Je pense à Elvis Presley par exemple, dont la coiffure m'a servi de base pour une coupe que j'ai lancée à l'intention des femmes en 1970. C'était une coiffure courte, avec une vague sur le front, les cheveux plaqués sur les côtés et légèrement brillantinés – ce qui m'a d'ailleurs attiré quelques critiques. La « brosse sauvage », une coupe courte, très douce et féminine, créée en 1978, en est le prolongement.

L'idée de la coupe « sauvage » m'est venue en regardant les Rolling Stones évoluer sur scène. Leur façon de bouger, de sauter, le volume de

Coupe sauvage mi-longue

Coupe sauvage courte. Photo Hans Feurer

leurs cheveux, la danse que leur musique suggérait m'avaient donné à réfléchir. Il me fallait concevoir une coupe assez lourde pour permettre de danser à un rythme endiablé, d'agiter la tête en tous sens, sans pour autant être hirsute. Si elle pouvait en plus convenir à tous les visages, à toutes les longueurs et natures de cheveux, ce serait idéal... J'avais les critères, restait à trouver la technique adéquate. Cela m'a pris du temps, mais j'ai réussi à la mettre au point. En coupant les cheveux par mèches très fines, à la verticale, on obtenait du volume, une allure souple et légère, tout en gardant une certaine tenue. Le succès de cette coupe fut foudroyant. Copiée, adaptée, elle a été reprise de par le monde, avec plus ou moins de bonheur. Il était difficile, en effet, de reproduire une technique qui avait nécessité pour mes coiffeurs un apprentissage de plusieurs mois! Bizarrement, lorsque je l'ai réalisée pour la première fois, cette même coiffure est passée inaperçue. C'était pour le magazine *Vingt Ans,* deux ans plus tôt. Pourquoi cet engouement subit en 1976? Sans doute parce qu'elle répondait à une envie que les femmes n'avaient pas ressentie auparavant. Le phénomène de la mode est parfois insaisissable...

Quoi qu'il en soit, je n'ai jamais cherché à imposer un style, une coupe particulière. Cette démarche serait contraire à toute logique et à la conception que j'ai de la création. Une coiffure devient une mode quand elle correspond à un goût, à un désir du public et je pense qu'il en est de même pour les vêtements. Dans notre métier, le créateur doit toujours se rappeler que la déci-

Rita Hayworth-Maniatis. Photo Claude Guillaumin

sion, le choix appartient à la rue. Sinon il court le risque de se marginaliser et de n'intéresser personne. Il faut être à l'écoute de son époque, sortir, regarder vivre ses contemporains pour essayer de sentir ce qu'ils aiment, ce qu'ils veulent. Bien sûr, il arrive qu'on anticipe ou qu'on se trompe, car nul n'est infaillible. Mais l'un des meilleurs indicateurs des courants qui traversent une société demeure la musique, et ce depuis des décennies. Les phénomènes musicaux marquants ont toujours été porteurs d'une mode, tant pour les vêtements que pour la coiffure, tout comme le cinéma qui a eu une influence considérable pendant une période. Dans les États-Unis de l'après-guerre, la mode partait des comédies musicales, un genre très prisé à l'époque et dont les vedettes masculines et féminines donnaient le ton. Les plus copiées furent certainement Rita Hayworth et Ginger Rogers, avec leurs cheveux blonds mi-longs, crantés vers l'arrière. Les hommes se coiffaient à la manière de Gene Kelly ou de Fred Astaire, cheveux courts gominés, séparés par une raie sur le côté. Plus tard, des comédiennes comme Kim Novak, qui portait des cheveux courts gonflés vers l'avant, ou Audrey Hepburn et sa coupe courte effilée sur les côtés, avec une nuque en pointe, ont connu elles aussi un grand succès. Et que dire de l'impact de Marilyn Monroe, qui a lancé le style « vamp » dans les années cinquante! Ses cheveux blond-blanc, sa mèche crantée, qui tombait légèrement sur les yeux, ont fait le tour du monde. Côté français, il y a eu la mode des longs cheveux crêpés, qu'on remontait en chignon comme Brigitte Bardot ou qu'on retenait avec un gros nœud de velours à la manière de Catherine Deneuve.

Mais, dès les années cinquante, le cinéma a cédé du terrain au profit de la musique. C'étaient désormais les vedettes du rock'n roll qui lançaient la mode, suivies par leurs fans et une grande partie de la jeunesse. Tous les garçons voulaient ressembler à Elvis Presley, Bill Haley, Jerry Lee Lewis ou Gene Vincent. On ne voyait plus que des coiffures gominées, brillantinées, courtes sur la nuque, avec ou sans banane. Les filles avaient adopté la tenue collégienne, les socquettes blanches, la jupe vichy, la frange et la queue de cheval. Dépassant largement le cadre des États-Unis, cette mode a gagné la France, où Johnny Halliday, les Chats Sauvages, Eddy Mitchell et les Chaussettes Noires faisaient vibrer les jeunes. C'était l'époque « yé-yé » avec Sylvie Vartan et ses accroche-cœurs, Françoise Hardy et sa frange. Outre-Manche, les Beatles ont mis à la mode une coiffure sage mais qui bougeait, qui épousait les mouvements de la tête, et qui a eu une immense influence sur la coiffure des jeunes.

On pourrait multiplier les exemples à l'infini, avec des phénomènes plus récents, comme Jimmy Hendrix en 1970, qui a lancé le style « afro » et les bandeaux dans les cheveux (eh oui, je n'ai rien inventé!). Ou David Bowie, qui est passé des cheveux roux vif, coupés en brosse, en 1973, à des cheveux blonds brillantinés en 1976. En 1978, les permanentes frisées mi-longues ont connu un énorme succès avec Bette Midler, et la coiffure rasta de Bob Marley a fait bien des émules.

Autant de styles qui sont devenus des modes

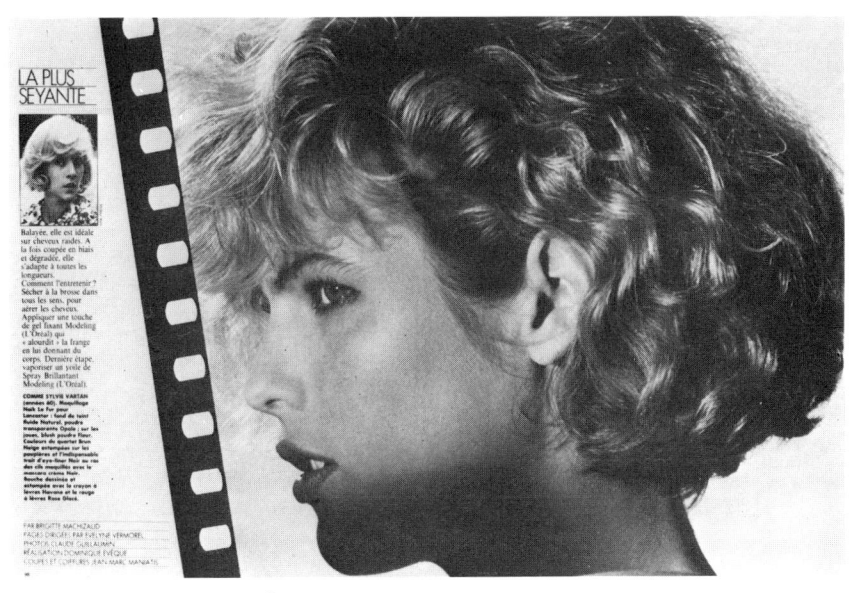

Coupe Vartan revue et corrigée 1985.
Photo Claude Guillaumin, *le Figaro Madame*, 16 novembre 1985

parce que d'autres les ont adoptés. C'est pourquoi il importe de rester attentif à son époque pour trouver les idées qui séduiront, les coiffures qui correspondront à une manière de bouger, de danser et de se vêtir. Aujourd'hui par exemple, on perçoit une nostalgie des années soixante dans l'habillement, dans la musique. Beaucoup d'émissions de radio et de télévision y consacrent une large place, les expositions se multiplient. J'ai eu envie de répondre à cette inclination en proposant des coupes « Vartan », « Seberg », « Fonda », revues et corrigées façon années quatre-vingts. Tout en gardant le même esprit, la coiffure « Vartan » 1985 est très différente de l'original. On retrouve une similitude dans la longueur, la mèche un peu boudeuse, l'allure ronde, mais sans le côté rigide et apprêté d'il y a vingt ans.

Si cette initiative a plu, ma tentative pour remettre au goût du jour les cheveux longs pour hommes est en revanche demeurée vaine, les coupes très courtes gardant la préférence masculine.

Notre métier a ceci d'ambigu qu'il nous faut aller de l'avant, quitte à anticiper les envies du public en apportant des créations fortes, sans oublier les impératifs commerciaux qui obligent à penser à la survie de l'entreprise. Il m'est arrivé de concevoir des coupes très originales, que je ressentais comme évidentes à ce moment-là, mais qui n'ont pas connu le succès tout de suite. Ce fut le cas de la coupe « sauvage », de la coupe « à la gavroche » en 1977 – très courte, féminine, avec des cheveux finement dégradés comme du duvet de poussin. J'ai eu le même problème avec la « brosse sauvage » en 1978 et les coupes au carré courtes que j'ai imaginées en 1982, en m'inspirant des années vingt. Toutes ces coiffures, qui sont en quelque sorte mes classiques, ont mis du temps à faire leur chemin. Aussi, après avoir créé quelque chose de très intense, qui a requis la mise au point de techniques particulières et un investissement personnel considérable, tant pour moi que pour mes collaborateurs, je suis contraint de faire machine arrière, de marquer une pause et de suivre au plus près la demande immédiate. Au risque d'y perdre une certaine originalité, mais il n'est pas facile de concilier toutes ces obligations... Quoi qu'il en soit, je n'ai jamais créé sur du vide, au gré de mes humeurs. Je ne me réveille pas un beau matin en m'écriant :

Coupe gavroche. Photo Peter Knapp

« Eurêka, j'ai trouvé! » Je m'appuie sur divers facteurs tels que la musique et la mode, qui me permettent d'apprécier les tendances de la saison.

On comprendra aisément que je considère ma période à *Elle* comme un moment privilégié dans ma carrière, puisque je pouvais exprimer mes idées en dehors de toute considération commerciale. Je disposais d'un atout supplémentaire pour élaborer mes coupes, du fait que le journal travaillait avec les mêmes mannequins pendant plusieurs mois. J'essayais un nouveau style sur deux ou trois d'entre elles, je le voyais évoluer et je le modifiais au fil des semaines, jusqu'à parvenir au résultat qui me convenait. Le temps que j'y passais n'avait pas d'importance, l'essentiel pour moi était de trouver le moyen technique de concrétiser l'image que j'avais en tête.

Bien que ma démarche créative soit restée identique, je suis à présent confronté à des contraintes autres que celles que je connaissais lorsque j'œuvrais en solitaire. Quand j'ai imaginé une coupe, je dois maintenant la décomposer, l'expliquer à mes collaborateurs et l'adapter aux besoins d'un salon. Mais je continue à travailler pour les magazines, auxquels je consacre près de soixante pour cent de mon temps. Je tiens à cette activité qui me permet de me renouveler en m'obligeant sans cesse à amener des éléments nouveaux. Après avoir quitté *Elle*, j'ai souhaité varier et étendre ma collaboration à d'autres journaux tels que *Le Figaro Madame, Votre Beauté, Marie-France, Cosmopolitan, Vingt ans, Vogue, Jardin des Modes...* et surtout *Marie-Claire*. Ce mensuel, qui a su prendre un tour dynamique sous l'impulsion de sa nouvelle directrice Claude Brouet, est devenu pour moi un support privilégié depuis plusieurs années. L'esprit qui anime son équipe correspond parfaitement au mien, ce qui rend passionnant notre travail en commun.

Une chose n'a pas changé toutefois : aujourd'hui comme hier je crée *seul,* sans l'aide de quiconque. Je désire garder la maîtrise totale de ma création. C'est pourquoi je me suis volontairement limité à quatre salons, refusant de vendre mon nom au tout-venant et d'en être réduit à suivre mes franchisés.

Lorsqu'un projet s'ébauche dans mon esprit, j'y réfléchis, puis j'exécute ma coupe. Je surveille son évolution afin de savoir comment elle se comporte avec le temps. Quand les essais me paraissent satisfaisants et si je sens que la coiffure peut avoir du succès, grâce aux magazines, je l'explique à mon équipe de coiffeurs. Au cours des trainings, je mets au point avec eux les techniques requises pour la diffusion de la coupe à l'échelle d'un salon. Il se peut que l'idée initiale soit modifiée, améliorée en fonction de la tenue et de la durée de vie de la coiffure. Notre méthode s'apparente à celle qui règle la fabrication d'une nouvelle voiture : le prototype est repensé en vue de la commercialisation et, au bout de cent modèles, il s'avère parfois nécessaire de changer tel ou tel détail.

En raison de mes activités commerciales, j'ai l'esprit moins disponible. J'en ressens parfois une certaine frustration, mais je ne regrette pas d'avoir pris une autre direction. Je pense que je n'aurais pu créer à un rythme aussi intense toute ma vie!

Toutefois, s'il m'arrivait de ne plus innover, de me tarir, je cesserais immédiatement d'exercer ce métier.

Le travail en salon m'a amené à m'intéresser à des problèmes différents, comme la coiffure pour hommes par exemple. Dès 1970, j'ai veillé à ouvrir des salons mixtes, mais pendant longtemps la fréquentation masculine s'est limitée à quelques connaissances ou aux maris de mes clientes. Les hommes hésitaient à franchir le seuil des salons où l'on coiffait les femmes. Il me semblait pourtant qu'ils avaient droit comme elles à un style qui réponde à leurs besoins spécifiques. Je sentais que cela devenait d'autant plus nécessaire que beaucoup d'entre eux étaient devenus esclaves de leurs cheveux, en particulier pour dissimuler une calvitie naissante ou prononcée. Le bouleversement des valeurs qui est intervenu au cours des quinze dernières années explique en grande partie cette attitude. Quel que soit le sexe, il faut aujourd'hui paraître jeune. On sait combien le critère de l'âge est important, notamment quand on cherche un emploi. La compétence ne suffit plus. Des cheveux grisonnants, un front dégarni qui hier étaient signes de sagesse et de maturité constituent maintenant un handicap. Une évolution contestable, mais qui est une réalité incontournable. De ce fait, les hommes ont commencé à soigner leur apparence, à se faire des brushings, à utiliser de la laque afin de plaquer leurs cheveux aux points cruciaux. Les coiffeurs spécialisés n'avaient pas suivi ce changement de comportement. Ils offraient toujours peu de possibilités, des coiffures très classiques, présentées de manière

Première pub sympathique pour hommes

triste et figée. Voyant cela, j'ai essayé de convaincre les hommes qu'on pouvait créer des coupes adaptées à leur personnalité et non se contenter de leur raccourcir les cheveux. J'ai lancé dans cet esprit, vers 1977, une campagne de publicité souriante qui offrait une image plus attrayante de la coiffure masculine. Parallèlement, j'ai réalisé dans *Vogue* un reportage sur les moyens de se coiffer lorsqu'on se dégarnit, pour montrer qu'il existait d'autres ressources que la bombe de laque. Sans parler de l'implantation artificielle de cheveux, il est possible d'atténuer les problèmes de calvitie avec un peu de bon sens et une paire de ciseaux. Il vaut mieux dans certains cas porter les cheveux très courts plutôt que de tenter de compenser leur absence en laissant de longues mèches, des pattes épaisses ou une grosse barbe. Ce genre de remède est souvent pire que le mal, car cela accentue de manière dramatique ce qu'on voulait cacher...

Le message est, semble-t-il, bien passé. A dater de ce moment-là, beaucoup d'hommes de tous âges et de toutes professions ont eu envie de venir dans mes salons pour se créer un « look » et ils représentent maintenant trente pour cent de la clientèle.

Je me suis aussi intéressé à la coiffure pour les enfants qui sont devenus fort coquets et soucieux de leur apparence. Ils ne veulent plus qu'on se contente de leur couper les cheveux comme on le faisait avant pour les vitaliser, ils réclament de vraies coiffures. Il n'est pas question de lancer des modes à leur intention, mais on peut mettre

Les enfants aussi méritent d'être bien coiffés. Photo François Lamy

en valeur leur personnalité à travers de mignonnes petites coupes, toutes simples.

Le processus de la création est passionnant en ce sens qu'il oblige constamment à se remettre en cause et à perfectionner les techniques qu'on utilise.

Ainsi en 1973, pour obtenir des chevelures floues, j'ai mis au point des mises en plis d'un genre nouveau, car le travail au séchoir, qui vide les cheveux de leur matière, ne me donnait pas satisfaction. Je bouclais les cheveux courts à la main et, pour les cheveux longs, plutôt que les traditionnels rouleaux rigides, j'ai utilisé des rouleaux en mousse, qui ne laissent pas de marque, sur lesquels j'enroulais les mèches à peine humides. Grâce à ce système, qui s'inspirait d'un procédé classique, je parvenais à l'effet recherché, des cheveux vaporeux et légers.

Il y a mille façons d'user d'un produit, si l'on veut bien ne pas se limiter au seul mode d'emploi. Prenons l'exemple de la permanente. Quelque peu oubliée pendant une période, parce que les coiffures s'y prêtaient moins, elle a refait son apparition en 1974, à la faveur d'un engouement pour les cheveux frisés. J'ai cherché à l'employer d'une manière différente : en moduler les effets et ne pas avoir une chevelure uniformément frisée. J'ai modifié la position des rouleaux, la façon de placer les mèches et, au lieu de passer le produit sur tout le cheveu, j'ai choisi de protéger la pointe, en laissant la racine intacte sur plusieurs centimètres pour ne donner qu'un léger volume.

Et je faisais la coupe non plus avant la permanente, mais à la fin de l'opération.

Aujourd'hui encore, on a recours à ce produit uniquement pour friser ou gonfler les cheveux, alors qu'il peut aider à obtenir le résultat inverse, c'est-à-dire à raidir des épis disgracieux sur la nuque ou les côtés. Utilisée en appoint, la permanente permet de résoudre de nombreuses difficultés.

C'est aussi en cherchant à innover que j'ai été amené à concevoir mes propres accessoires, qu'il s'agisse de bandeaux et de liens de cuir comme en 1970 ou de peignes en 1976. J'ai eu envie cette année-là de me servir de peignes pour diversifier mes coiffures, mais je n'arrivais pas à trouver un modèle qui me convienne. Je voulais du métal, des couleurs vives et je ne voyais que plas-

Peignes en métal. Photo Peter Knapp

tique, corne et formes tristes ou démodées. J'ai donc décidé d'en confectionner moi-même, pensant en toute innocence que je tenais la solution de mes problèmes... Je suis parti à la recherche d'un fabricant et, là, les choses se sont gâtées. Impossible de convaincre un seul fabricant français! Où que je m'adresse, j'essuyais refus sur refus. « Des peignes en métal? Mais ça ne marchera jamais, monsieur! » A Oyonnax, charmante petite ville de l'Ain spécialisée, entre autres, dans la production de peignes en plastique, tous les industriels ont haussé les épaules en me traitant de fou. En désespoir de cause, j'ai fini par dénicher un fabricant belge qui, enthousiasmé par mon projet, a accepté de transformer deux de ses machines pour passer du plastique au métal. Nous avons mis un temps infini à élaborer un prototype satisfaisant, car il fallait sans cesse revoir les formes, les matériaux, l'écartement des dents pour que le peigne ne glisse pas sur les cheveux secs, qu'il tienne sur les cheveux fins... Mais ce travail en valait la peine. J'avais enfin des objets conformes à mes vœux, des peignes métalliques laqués de couleurs vives et de tailles différentes, ainsi que des barrettes fantaisie. Les fabricants d'Oyonnax ont dû regretter de m'avoir éconduit, tant ces peignes ont eu de succès!

Un coiffeur demeure un artisan et ses outils sont ses ciseaux et ses brosses. Étant le mieux placé pour apprécier leur qualité, il est naturel qu'il se préoccupe de leur conception afin d'avoir des instruments adaptés à ses exigences. Ce problème ne m'a pas échappé et j'ai créé des ciseaux à l'usage des professionnels, ainsi que des brosses qui ont eu une diffusion grand public. L'idée de ces brosses m'est venue en 1980, en regardant la nouvelle voiture qu'un célèbre fabricant allemand venait de lancer sur le marché. Un design très différent, plus compact que ce qui existait alors et qui m'avait beaucoup impressionné. Au point qu'un jour, comme je contemplais mes brosses dont la forme n'avait pas changé depuis vingt ans, j'ai eu envie de réaliser un modèle plus ramassé, doté d'un manche court et large qui facilite la préhension. Une fois encore, le projet faillit ne pas voir le jour, sous prétexte qu'il ne s'agissait pas d'un marché très porteur. Cela n'a pas empêché les gens d'acheter cette brosse, d'autant qu'elle correspondait bien au mode de coiffure du moment. Pourquoi le public ne pourrait-il bénéficier des progrès qui sont accomplis dans ce domaine et posséder des accessoires plus performants?

Depuis mon départ de *Elle*, j'ai toujours veillé à me ménager le plus de temps possible pour poursuivre mon activité créative dans les meilleures conditions. Si, pendant trois ans, j'ai pu concilier le travail en salon et les magazines avec la gestion, la formation et l'entraînement de mon équipe, au prix d'une gymnastique invraisemblable, j'ai dû déclarer forfait en 1974, lors de mon installation rue de Sèvres. De toute évidence, mes journées n'avaient que vingt-quatre heures et, en dépit de mes efforts, j'étais incapable de faire face à l'ensemble de mes tâches. C'est pourquoi j'ai renoncé à coiffer en salon à ce moment-là, d'autant que cette occupation tendait à tenir une place de plus en plus importante dans mon emploi du temps. Les journaux avaient pris l'habitude de m'adresser toutes les lectrices dont le cas était complexe, c'est-à-dire des femmes qui ne parvenaient pas à trouver une coiffure qui leur aille, pour diverses raisons. Cela venait de la nature de leurs cheveux ou de leur implantation, de la forme de leur visage... Je trouvais cette activité passionnante, mais c'était épuisant! Même si j'ai la réputation de pouvoir « faire une tête », je ne suis pas devin et il me fallait étudier chaque cas dans le détail, discuter longuement, rechercher les causes des échecs antérieurs, pour tenter d'apporter la solution adéquate. Cela nécessitait un investissement personnel considérable qui n'était plus compatible avec les obligations de deux salons. Aujourd'hui je ne suis plus en mesure de coiffer que quelques personnes, des amis, des comédiens pour les besoins d'un film.

On m'a fait, à tort et à raison, la réputation d'être le coiffeur des mannequins, des gens de la mode et du spectacle. Soyons sérieux, je ne puis à moi tout seul coiffer autant de monde! S'il est vrai que mes salons accueillent un certain nombre de gens connus, il convient de replacer le problème dans son contexte. Ces personnalités viennent au même titre que madame X ou monsieur Y – qui bénéficient d'un accueil et de prestations identiques – parce qu'ils aiment ce que je propose. Il n'est pas question pour moi d'aller chercher une vedette afin de m'en glorifier et d'en tirer une quelconque publicité. On peut m'objecter la période Elrhodes, je ne la renie pas.

Nous n'avions alors pas d'autre choix pour émerger et nous imposer. Aujourd'hui il faut d'abord prouver ses capacités d'innovation pour convaincre et c'est beaucoup mieux ainsi.

Je considère que je travaille pour tous. Depuis 1968, j'ai une certaine conception de la coiffure et je refuse de modifier ma démarche ou mes idées, sous prétexte qu'il s'agit d'Untel ou Untel. Lorsque je peux aider quelqu'un, une jeune chanteuse par exemple qui a besoin de se créer une image pour ses débuts, ou un acteur qui veut une coiffure pour un rôle précis, je le fais chaque fois que mon temps me le permet, car je considère que c'est mon métier. Mais je ne puis ni ne veux répondre aux sollicitations de ceux qui, se prévalant de leur nom, exigent d'être coiffés de ma main. Mes collaborateurs sont très compétents et il n'existe pas de passe-droit chez moi.

Bien sûr, en raison de mon passé à *Elle,* ma clientèle a compté dès 1971 des mannequins, en particulier celles que j'avais coiffées pour le magazine, ainsi que des chanteurs ou des comédiens qui désiraient vivre leurs cheveux autrement. Dans le cadre de ma collaboration au journal, j'avais eu l'occasion de coiffer certaines actrices, comme Anna Karina, pour les besoins d'une couverture ou d'un reportage. J'ai continué à le faire par la suite avec *Elle* et d'autres périodiques, par exemple *Vogue,* qui m'a demandé de coiffer Dominique Sanda, Isabelle Huppert, Catherine Alric pour des photos de mode ; ou *Mademoiselle Age Tendre* pour lequel j'avais métamorphosé Françoise Hardy à l'aide d'une perruque afro, en 1971. Ce genre de contribution souvent amusante entre

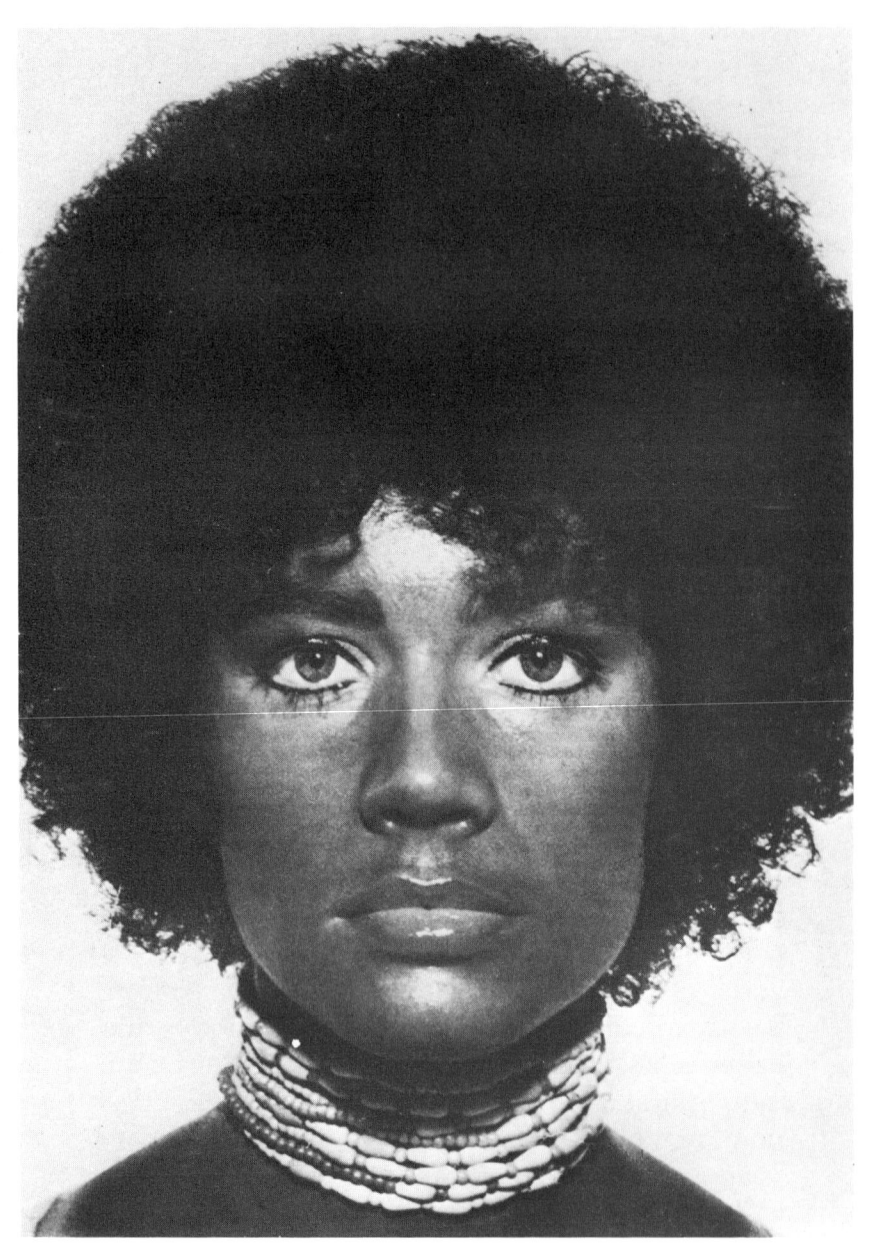

Françoise Hardy métamorphosée, *Mademoiselle Age Tendre*, décembre 1971

dans mes attributions au même titre que la transformation de mannequins pour une agence ou un magazine.

Je m'efforce d'apporter mon concours à des professionnels du spectacle ou du cinéma qui désirent se composer un personnage. Mais tous ne viennent pas dans mes salons pour changer d'apparence. Pour certains, chanteurs ou présentateurs de télévision, le problème précisément consiste à modifier leur coiffure sans casser leur image. On ne peut envisager de transformer Eddy Mitchell ou Michel Drucker du jour au lendemain! Il faut arriver à faire évoluer leur coupe en douceur, amener un léger changement dont on ne pourra déceler l'origine.

Pour d'autres, il s'agit au contraire de construire une nouvelle personnalité. Je pense aux comédiens et comédiennes qui ont besoin de se créer une tête spécifique pour investir leur rôle. Cela me passionne de les aider à se composer un visage en fonction d'un personnage précis, d'une époque, tout en tenant compte de leurs particularités. Les critères que je dois prendre en considération varient selon les acteurs et les films. Je suis parfois confronté à des situations quelque peu complexes, comme cela a été le cas pour *Le Toubib*. Il me fallait concevoir une coupe adaptée à la forme du visage de Véronique Jannot et qui lui permette de rester coiffée, alors qu'elle ne cessait de mettre et d'enlever des bonnets tout au long du film. C'était un vrai casse-tête que j'ai mis du temps à résoudre! Je lui ai fait une coupe qui épousait bien ses mouvements, un dégradé, plus court sur

Stéphane Audran

les côtés de façon à dégager ses pommettes larges et saillantes.

Plus récemment j'ai rencontré des difficultés similaires avec Sophie Marceau lors du tournage de *Police*. On voulait rompre avec l'image de la petite fille aux cheveux raides qu'elle avait dans *La Boum*, pour la rendre plus femme. Mais, comme elle terminait en même temps un autre film, il m'était impossible de modifier complètement son apparence. J'ai donc cherché une solution intermédiaire, en lui faisant une permanente.

Dans certains cas, il me faut plutôt travailler en fonction d'une époque déterminée. C'est ce facteur qui guide mon choix lorsque je coiffe Stéphane Audran, ou dernièrement Julie Christie. Elle devait tourner un film dont l'action se situe dans les années cinquante, si bien que j'ai

Isabelle Adjani coiffée pour *Quartett*. Photo Ilan-Philippe Decros, *Elle*, 24 novembre 1980

décidé, avec son accord, de lui couper les cheveux court, à la manière de Kim Novak. Il en a été de même pour Isabelle Adjani qui, dans *Quartet*, avait besoin d'une coiffure style années trente. Je lui ai fait une coupe courte avec des crans, prenant d'ailleurs quelques risques puisque c'était la première permanente de sa vie. Mais j'aurais eu tort de m'inquiéter, tout lui va! Isabelle appartient à cette catégorie de privilégiés qui peuvent se permettre tous les styles. Il suffit de penser à *Adèle H* et à *Subway* pour se rendre compte que son visage se prête aux coiffures classiques comme aux plus excentriques.

Le cas d'Alain Delon est encore plus stupéfiant. La première fois que je me suis trouvé face à lui, j'étais mort de trac; et quand il m'a demandé ce que j'allais lui faire, tout ce que j'ai trouvé à lui répondre a été : « Eh bien, quelque chose à la Alain Delon... » Non seulement il supporte n'importe quelle coupe, mais on peut se contenter de jouer sur la longueur de ses cheveux, de raccourcir plus ou moins la nuque et les pattes pour le rajeunir ou le vieillir!

Je l'ai coiffé pour de nombreux tournages, comme Philippe Noiret, et je dois avouer que travailler avec des professionnels de leur envergure est un vrai plaisir, tant ils poussent loin la préparation de leurs rôles. Ils s'occupent du choix de leurs costumes, de leurs chemises, ils veillent à tout dans le moindre détail, jusqu'aux cravates et aux chaussures.

J'ai connu Philippe par son épouse qui est une cliente de longue date. Nous avons sympathisé et il vient me voir dès qu'il s'apprête à tourner un

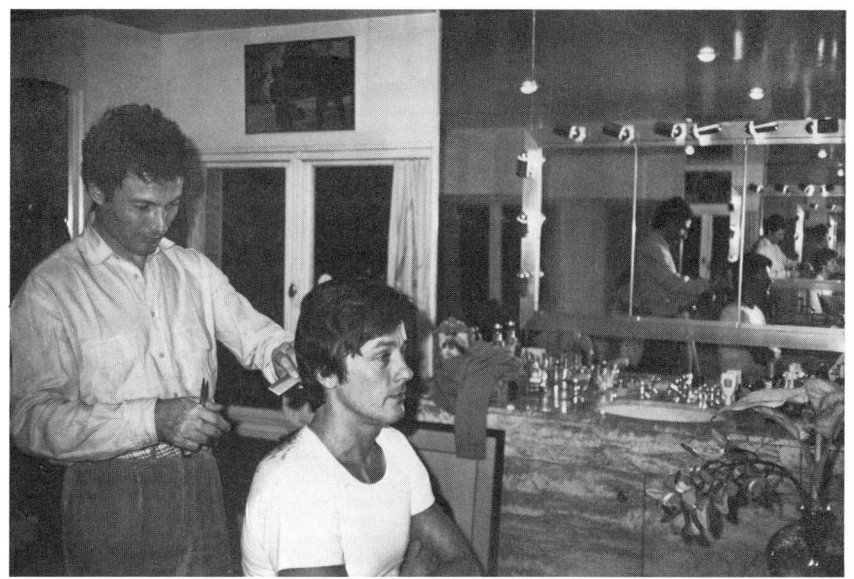

Photo Mireille Darc.

Alain Delon supporte n'importe quelle coupe...,

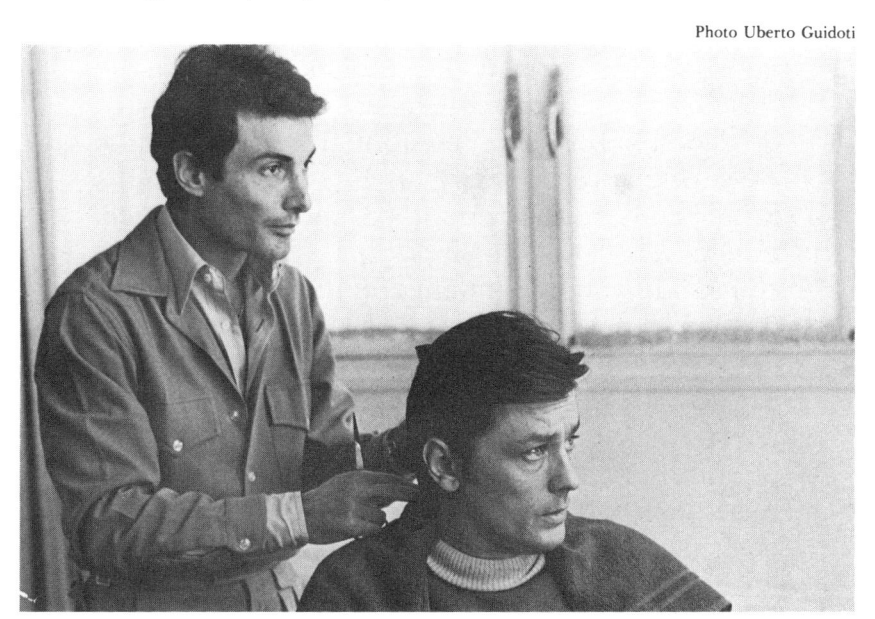

Photo Uberto Guidoti

119

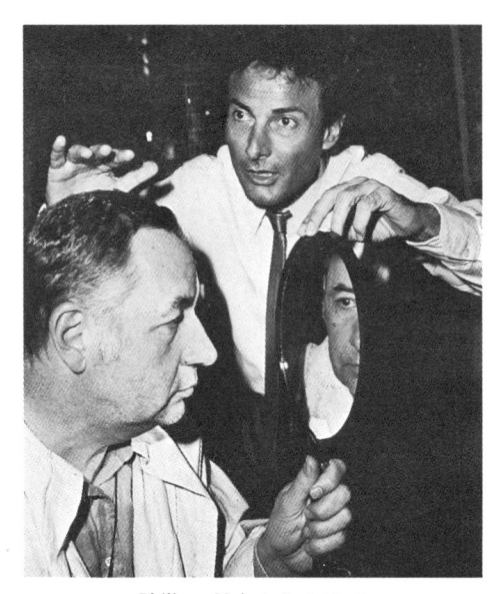

Philippe Noiret, *Paris Match*

nouveau film. Il m'explique de quoi il s'agit, me résume le scénario, j'y pense et nous rediscutons de l'idée que j'ai trouvée. Nous cherchons chaque fois une coupe différente, adaptée au personnage qu'il doit interpréter et dont il a toujours une conception précise. Pour *Les Ripoux* par exemple, il fallait lui donner une apparence peu soignée, des cheveux gras, hirsutes. Après lui avoir fait la coupe adéquate, je lui ai expliqué quels produits utiliser et comment s'en servir pour avoir l'air négligé, mal peigné. Dans *Fort Saganne,* comme il jouait le rôle d'un officier, je lui ai taillé les cheveux en brosse, très courts. J'ai réussi à me procurer un vieux produit qu'on employait autrefois pour ce style de coiffure afin de redresser les cheveux, une sorte de stick qu'il a emporté avec lui sur le tournage en Afrique.

Dernièrement il est venu me trouver pour que je réfléchisse à son prochain rôle, celui d'un haut dignitaire soviétique. Compte tenu de ce qu'il m'en avait dit, j'avais d'abord songé à une coupe assez classique.

« Non, Jean-Marc, vous n'y êtes pas du tout, m'a-t-il dit quand je lui ai exposé mon projet. Mon personnage est au sommet de la hiérarchie, il a du pouvoir. A la différence de ses subalternes, il peut se permettre de la fantaisie. Il veut être à la mode, mais, comme il n'y connaît rien, il est complètement à côté de la plaque.

– Je peux donner dans le ridicule, alors? Vous faire tout ce qui ne vous va pas?

– Absolument! Il faut que je sois ridicule! »

Et c'est dans cette optique que je l'ai coiffé... Je dois admettre que le résultat est surprenant, mais en parfait accord avec les chemises et les costumes invraisemblables qu'il a dénichés pour l'occasion! Je n'en dévoilerai pas plus, laissant au spectateur le soin d'apprécier par lui-même.

En règle générale, j'effectue ma coupe trois semaines avant le début du tournage pour que les comédiens aient le temps de s'habituer à leur nouveau visage. C'est un détail important, dont j'ai pris conscience quand je travaillais à *Elle*. Chaque fois que nous faisions des transformations sur des mannequins (ce qu'on appelle les « avant-après »), je trouvais que le résultat, l'« après », était moins réussi que l'« avant ». Sur les photos, les mannequins ressemblaient à des poupées, elles avaient l'air emprunté, mal à l'aise avec leur nouvelle coiffure. En revanche, si je les croisais quinze jours plus tard, j'étais surpris – et heureux! – de constater que la coupe leur allait bien mieux que je ne l'avais cru. En y réfléchissant, j'ai compris qu'elles avaient tout bonnement appris à vivre avec leur image. Elles avaient adapté leur maquillage, trouvé les gestes qui convenaient et leurs cheveux avaient eu le temps de se placer. A partir de là, nous avons décidé de photographier les « après » non plus au terme de la transformation, mais au bout de deux semaines. Ce principe que j'applique lorsque je coiffe des comédiens est tout aussi valable dans un salon. Ne vous étonnez pas si, en sortant de chez le coiffeur, vous ne vous sentez pas à votre aise. Les cheveux ont subi un traumatisme et il leur faut quelques jours pour prendre leur pli. Ce n'est qu'une question de temps, à moins qu'on ne vous ait joué un méchant tour...

III

Les salons Maniatis

Dès 1969, le problème de la création d'un salon s'est posé à moi de façon pressante, en raison de l'engouement prononcé des lectrices du magazine *Elle* pour le style que j'avais lancé. Comme un nombre croissant de femmes le demandaient, les coiffeurs ont été contraints de s'adapter et j'ai commencé à être de plus en plus copié quant à l'esprit de mes coupes. Il n'en était pas de même pour mes techniques, plus difficiles à reproduire dans la mesure où elles étaient le fruit d'un travail personnel. On m'a souvent proposé pendant cette période d'aller expliquer mes méthodes ici ou là, de recycler des professionnels, comme *Vogue* américain qui souhaitait que je me rende aux États-Unis pour former les coiffeurs de studio du magazine. Compte tenu de mes activités au journal, je ne pouvais guère répondre à ces offres et m'absenter plusieurs jours pour me rendre à l'étranger.

A ce moment-là nous étions deux à avoir adopté la même démarche, c'est-à-dire à offrir un mode de coiffure naturel, axé sur la coupe : Jean-Louis

David dans son salon et moi dans les pages de *Elle*. Son travail obéissait peut-être plus à la loi des séries, ses coupes étaient plus griffées. On y reconnaissait sa marque à travers des détails, tels que la « mèche à la Jean-Louis David » par exemple, tandis que je m'efforçais de personnaliser, de moduler selon chaque visage. Mais nous étions les pionniers d'un genre qui régit aujourd'hui l'ensemble de la profession.

Il fallait bien qu'un jour je me décide à sauter le pas et, après trois ans d'activité en solitaire, j'ai ouvert mon premier salon en novembre 1970, rue Pierre-Guérin dans le XVIe. Disposant de peu de moyens financiers, je n'avais guère le choix et je me suis installé là en attendant une meilleure occasion.

En guise de cadeau d'adieux, le journal m'a offert une magnifique publicité afin d'annoncer mon installation, une photo d'une page où je figurais entouré d'une cinquantaine de mannequins. Un geste que j'ai d'autant plus apprécié qu'il n'avait pas dû être facile de rassembler toutes ces jolies jeunes femmes pour un seul cliché !

Situé à deux pas de l'avenue Mozart, dans une rue paisible, c'était un petit salon que j'avais voulu rendre accueillant et intime. Mariant les miroirs et le verre vieilli pour donner une impression d'espace, j'avais créé un cadre propice à la détente, dans les tons de vert, noyé sous les plantes. Il y régnait une ambiance feutrée, un peu comme dans une serre. Induits en erreur par tant de végétation, les habitants du quartier poussaient la porte en pensant qu'il s'agissait d'un nouveau fleuriste ! Ce décor inhabituel pour l'époque avait

Le cadeau de *Elle* pour mon départ. *Elle*, novembre 1971, photo Uberto Guidoti

frappé l'imagination d'Alex Chatelain, un des photographes de mode de *Elle,* qui s'en était inspiré pour réaliser un film sur le salon pour l'émission télévisée *Dim Dam Dom.*

On se souvient sans doute de ce magazine conçu et animé par Daisie Gallard, qui était alors rédactrice en chef de la rubrique « Spectacles » de *Elle.* Diffusé une fois par semaine, il traitait de la mode, de la beauté, de la coiffure, donnait des adresses et des conseils pratiques. Jouant sur le côté jungle du salon, Alex avait imaginé un scénario fantaisiste, les aventures d'un Tarzan des temps modernes qui aurait troqué ses lianes contre une paire de ciseaux! Pour faire plus vrai, nous avions même ajouté des singes, de charmantes petites bêtes qui en ont profité pour se livrer à un carnage et dévorer toutes mes plantes... J'avais pour partenaire la blonde et charmante Aurore Clément que j'accueillais et coiffais dans ce décor sauvage. Présentée en plans rapides, l'opération de la coupe était interrompue par des séquences du film où l'on voit Tarzan se balancer de liane en liane, en compagnie de la fidèle Chita.

En raison de l'audience dont jouissait *Dim Dam Dom,* ce court-métrage humoristique a beaucoup contribué à faire connaître le salon de la rue Pierre-Guérin, tout comme le film réalisé en 1972 par mon ami Peter Knapp. Ce dernier avait décidé de présenter, sur un mode plus sérieux, les diverses facettes de l'activité d'un coiffeur. Armé d'une caméra, il m'avait suivi partout pendant plusieurs jours, dans mon salon, dans les studios, interviewant journalistes et photographes de mode pour leur demander ce qu'ils pensaient de mon

Extrait du film d'Alex Chatelain pour l'émission *Dim Dam Dom* de Daisy de Galard, avec Aurore Clément comme partenaire

travail. Je me souviens qu'il avait retenu dans son documentaire une séance de photos fort intéressante que j'avais réalisée avec Helmut Newton pour *Vogue*. On nous avait demandé de transformer une fille qui ressemblait à Jackie Kennedy afin d'en faire son parfait sosie. Ce film, qui avait été présenté par Jean-Pierre Elkabbach un dimanche avant les informations télévisées de treize heures sur TF 1, avait eu un impact énorme.

J'ai démarré avec une équipe réduite, que j'avais formée durant les six mois qui ont précédé mon installation, tout en travaillant pour le journal. Il s'agissait de certains de mes anciens collaborateurs qui avaient suivi mon évolution avec intérêt et de coiffeurs prêts à repartir de zéro pour tenter l'aventure. Il me fallait les recycler, leur apprendre mes techniques, mais tous étaient tellement motivés qu'ils ont été vite opérationnels. Grâce à *Elle,* qui avait recueilli près de quatre mille adresses de lectrices qui voulaient savoir où me trouver, le salon a connu l'affluence tout de suite, les femmes venant des quatre coins de France pour se faire coiffer chez nous. De douze personnes nous sommes passés rapidement à quarante, pour finir avec un effectif de soixante, ce qui n'était pas trop pour recevoir quelque deux cents clientes chaque jour. La première année fut éprouvante car la plupart de ces femmes ne voulaient pas d'autre coiffeur que moi. Je devais jongler avec mes rendez-vous de salon et les studios, courir à droite, à gauche, annuler, déplacer...

C'est à cette période que j'ai commencé à travailler pour les couturiers. Jusque-là j'avais collaboré avec Karl Lagerfeld, une expérience passionnante puisque je m'occupais de tous ses défilés, le suivant partout pour la présentation de ses collections. Mais, comme j'étais seul, je n'avais pu développer cette collaboration avec d'autres maisons. Au fur et à mesure du développement de mon activité, je me suis associé avec un nombre croissant de couturiers et j'ai fini par coiffer pour dix-sept créateurs dont Dorothée Bis, Chantal Thomass, Courrèges, Hechter, Renoma, Kenzo, Ungaro, Sonia Rykiel, Angelo Tarlazzi, Enrico Coveri... C'est un travail très créatif, puisqu'il faut imaginer pour chaque collection un style de coiffure précis en fonction des vêtements. Comme toutes les présentations ont lieu au même moment, il est nécessaire de se préparer deux mois à l'avance et de recycler au moins vingt coiffeurs.

Tout doit être répété, chronométré avec soin tant le rythme d'un défilé est rapide. Les mannequins passent trente secondes sur le podium, reviennent en coulisse pour se changer et, deux minutes plus tard, elles rentrent de nouveau sur scène. S'il est prévu de modifier leurs coiffures entre deux passages, il vaut mieux être au point, surtout lorsqu'elles sont quinze à défiler en une fois!

Pendant des années, tout s'est bien déroulé. Les modèles arrivaient à l'heure prévue, ce qui nous laissait le temps de les coiffer. La situation a commencé à se dégrader il y a cinq ans et nous nous sommes trouvés face à des problèmes d'ordre technique, quasi insolubles. Pour une rentabilité accrue, certains mannequins et leurs agences n'ont pas hésité à accepter plusieurs présentations le même jour, si bien que, au lieu d'être là deux heures plus tôt, elles arrivaient vingt minutes avant le début du show. Quand vingt modèles sur trente se présentent au dernier moment, même avec la meilleure volonté du monde, on ne peut travailler correctement. Pour peu qu'elles sortent d'un défilé où elles avaient les cheveux crêpés ou gominés et que vous ayez prévu de faire de beaux cheveux souples, il ne vous reste plus qu'à dire adieu à vos projets! Ce n'est pas faute d'avoir prévenu les modèles! Elles le savent, mais elles n'en tiennent pas compte. Comme il existe peu de mannequins spécialisés dans la présentation des collections, les couturiers n'ont pas le choix et sont obligés d'en passer par là.

Dans ces conditions je n'arrivais plus à travailler à mon idée, d'où ma décision de cesser de coiffer pour la couture. En être réduit à bricoler pour essayer de parer au mieux ne m'apportait plus rien et je me suis senti de moins en moins utile. Avec l'apparition des chapeaux dans les défilés, notre collaboration est devenue sans intérêt, dans la mesure où placer trois mèches sous un feutre ne me semble pas être une tâche très créative. S'ajoute à cela le fait que les collections se sont multipliées à un rythme rapide, ce qui oblige les journalistes de mode à effectuer un véritable marathon. Dans ce tourbillon, elles notent la tendance générale de la saison, mais ne peuvent s'attarder dans le détail sur « qui fait quoi ». Toutes ces raisons m'ont incité, il y a quatre ans, à mettre un terme à une activité qui sombrait dans la routine. A une exception près, Kenzo, avec qui nous travaillons de nouveau, sur des bases claires et précises.

Cela étant, si demain un couturier me demandait de préparer un style de coupe très fort pour une de ses collections, j'accepterais sans hésiter. Je refuse la routine et la facilité, mais la création me passionne toujours autant!

Le salon de la rue Pierre-Guérin était devenu trop petit pour nous permettre de satisfaire toutes les demandes et nous devions refuser du monde. C'est pourquoi j'en ai ouvert un second en 1974, rue de Sèvres. Il s'agissait en réalité d'un projet que je caressais depuis longtemps, mais j'avais attendu, sur les conseils de mon ami Jacobson (Dorothée Bis), qu'un nouvel immeuble se construise afin de m'installer dans les meilleures conditions. Cela m'a permis de disposer d'un local très spacieux que j'ai cherché à aménager de manière différente du premier, tout en gardant une ambiance chaleureuse.

J'ai toujours apporté un soin particulier au cadre de mes salons, choisissant avec mon décorateur les matériaux, l'agencement, le mobilier. Je ne veux pas d'un cadre standard, purement fonctionnel et sans âme. Je ne néglige pas l'aspect pratique, comme les problèmes de circulation, mais je préfère une organisation moins rationnelle pour plus de convivialité. Par exemple, pour le salon de la rue Marbeuf que j'ai ouvert quelques années plus tard, j'ai souhaité casser l'espace et aménager des recoins pour créer une atmosphère plus intime. A l'usage, l'installation évolue; on s'aperçoit que la réception ou les vestiaires ne sont pas situés au bon endroit, qu'il y a de l'espace perdu... Mais, parmi tous les critères qui entrent en jeu dans la conception d'un salon, deux me paraissent essentiels : le confort et l'éclairage. Il faut veiller à ce que les clients soient bien assis et à ne pas les agresser avec une lumière trop crue. Il n'y a rien de plus désagréable que de se contempler pendant une heure sous l'éclairage brutal d'un spot! Le miroir vous renvoie une image triste, déprimante, celle d'un visage pâle aux yeux cernés. Une femme ne va pas chez un coiffeur pour se trouver terne et fatiguée, elle doit au contraire se sentir belle. J'ai banni les néons et les spots, qui vous font une mine affreuse, pour des lumières douces qui donnent un joli teint. Pour la rue de Sèvres, j'avais fait faire des coiffeuses en plastique moulé transparent, éclairées de l'intérieur, qui illuminaient les traits. Par la suite, les studios m'ont donné l'idée de placer des petites ampoules tout autour des miroirs à la manière des loges de maquillage, pour obtenir un reflet agréable, sans contrastes violents.

Dès l'ouverture du salon de la rue de Sèvres, ce fut la ruée. Je ne m'attendais pas à une telle affluence qui nous a tous pris au dépourvu. Pendant les six premiers mois, nous avons été soumis à une cadence infernale et, bien que soigneusement formés, mes coiffeurs éprouvaient de grandes difficultés à suivre ce rythme. La qualité s'en est quelque peu ressentie, ce qui a provoqué le mécontentement et la déception d'une partie de la clientèle. J'ai senti qu'il fallait réagir vite si je ne voulais pas être débordé par la situation ni perdre ma crédibilité. Il ne me restait qu'une solution : entraîner mes collaborateurs tous les soirs jusqu'à ce qu'ils maîtrisent parfaitement la technique. Je reconnais que j'ai été très exigeant durant plusieurs mois, mais je n'avais pas d'autre solution. Ma réputation était en jeu et j'étais bien décidé à la défendre coûte que coûte. Tout le monde s'est accroché, de sorte que nous sommes parvenus à redresser la barre. L'affaire a repris petit à petit pour se stabiliser début 1976.

Compte tenu de cette mésaventure, j'ai pris mes précautions lorsque j'ai créé mon troisième salon en 1977, rue Marbeuf. J'ai constitué une équipe importante d'une trentaine de personnes, qui puisse faire face tout de suite à un afflux de clients. Mais, à quartier différent, problèmes différents! Contrairement à mes prévisions, nous avons connu une activité très ralentie au départ et le salon n'a tourné à pleine capacité qu'au bout de trois ans. Il a fallu se battre pour se créer une clientèle en raison de la concurrence et des exigences des femmes qui fréquentent ce quartier. Habituées aux grands salons, elles désiraient un accueil, un service plus attentifs, plus personnalisés... J'ai dû faire quelques concessions quant à l'esprit dans lequel je travaillais, sans pour autant tomber dans le côté salon de thé où l'on se retrouve pour raconter sa vie. J'ai toujours considéré que les gens se rendent chez un coiffeur pour qu'il s'occupe de leurs cheveux, non pour lui confier leurs petits secrets. Ce qui, bien sûr, n'exclut pas le dialogue! Mais j'ai senti que, pour conquérir mes clientes rue Marbeuf, il était nécessaire de les rassurer, en les confiant à des coiffeurs plus mûrs qui sachent discuter, s'occuper d'elles. Il nous fallait aussi pousser plus loin sur le plan de la technique afin de nous démarquer des salons voisins.

Si je n'ai eu aucune difficulté de cet ordre avec le salon du Forum des Halles, où nous avons une clientèle qui correspond parfaitement à notre esprit, il n'en a pas été de même avec celui de l'avenue Raymond-Poincaré. Je l'ai ouvert en 1982 après avoir quitté la rue Pierre-Guérin et je crois avoir commis là une erreur d'appréciation. Il ne s'agit pas d'un quartier très fréquenté où l'on vient faire ses achats et ma clientèle parisienne, provinciale ou étrangère se reporte sur les autres salons, situés dans des quartiers plus animés et commerçants. Cela est valable pour mes clientes du XVIe, qui préfèrent se rendre au Forum ou rue de Sèvres plutôt que de rester dans leur arrondissement. Pour permettre au salon de fonctionner normalement compte tenu de sa taille, il me faudrait gagner des clients sur place. Malheureusement c'est impossible, car je serais contraint de réaliser des brushings élaborés, des mises en plis..., toutes choses contraires à la conception que j'ai de la coiffure et qui éloigneraient mes habitués! Un tel compromis équivaudrait pour moi à un retour en arrière, voire à un reniement. C'est pourquoi je vais fermer ce salon à mon grand regret et quitter le XVIe pour m'installer dans un quartier qui réponde mieux à mes idées.

Ces quatre salons, qui représentent près de deux cent trente personnes dont quatre-vingt-quinze coiffeurs, fonctionnent suivant un schéma précis, établi par mes soins, où chacun a des attributions bien définies.

A la tête du salon se trouve un manager qui a la responsabilité de la bonne marche de la structure ainsi que de son organisation. Il s'agit d'un de mes coiffeurs qui a souhaité diversifier ses activités au bout d'un certain nombre d'années, tout en continuant à coiffer. Ses tâches sont très variées puisqu'il doit tout à la fois veiller à la qualité des prestations, recevoir les nouveaux clients et s'occuper des trainings de son équipe – à l'exception de ceux des coiffeurs dont je me charge. Précisons que j'emploie ici le masculin par simple commodité de langage. Il ne faut y voir aucune exclusive! Mes collaborateurs sont aussi bien des hommes que des femmes, comme ma clientèle!

Le manager bénéficie de l'aide d'un assistant qui le relaie dans ses diverses fonctions. Le reste de l'équipe comprend les coiffeurs, les assistants-coiffeurs, c'est-à-dire ceux qui sont en passe de devenir coiffeurs, les débutants, le secteur technique avec les coloristes et les permanentistes, sans oublier les hôtesses d'accueil, la caissière et les préposées aux vestiaires.

Si le temps de la blouse est révolu, une certaine unité vestimentaire s'impose, ne serait-ce que pour le plaisir de l'œil. Je demande à mes équipes de porter une tenue et des couleurs déterminées qui varient selon les saisons. C'est un détail à ne pas négliger dans notre profession où l'apparence doit être irréprochable. Nous sommes d'abord des gens de mode et il importe à ce titre que nous présentions une image avenante.

Je ne peux, pour des questions de temps, être toujours présent dans mes salons, mais je m'y rends très régulièrement pour m'assurer de leur bon fonctionnement. Ma présence est d'autant plus nécessaire qu'elle a un effet stimulant et me permet de garder la maîtrise de la situation. En effet, comment percevoir l'évolution des besoins de la clientèle et les problèmes susceptibles d'en découler, si ce n'est sur le terrain? Je ne connais pour ma part aucun autre moyen. A partir de là, je m'emploie à rectifier le tir quand cela s'avère nécessaire au cours des trainings que suivent mes collaborateurs. Cette formation permanente, dont le contenu diffère selon qu'il s'agit de coiffeurs confirmés ou de débutants, est primordiale. Je m'attache à assurer personnellement celle de mes coiffeurs, à qui j'impose un training tous les quinze jours, salon par salon, pour apprécier dans le détail le travail de chacun. Les managers n'échappent pas à cet entraînement et sont soumis à un training tous les trois mois sous ma direction.

Ces séances se déroulent le soir après la fermeture des salons et portent sur des thèmes qui varient suivant les impératifs du moment. Il y a d'abord les trainings consacrés à l'apprentissage d'une nouvelle coupe. Sachant qu'elle va paraître dans un magazine, je dois montrer à mes coiffeurs comment la réaliser longtemps à l'avance pour qu'ils puissent répondre à la demande des clientes dès la publication. Par exemple dans le cas de la coupe « bol », une coiffure dégradée très naturelle qui est sortie en couverture du *Marie-Claire* de juillet, nous avons commencé à travailler au mois d'avril de manière à ce qu'ils en possèdent parfaitement les techniques lors de la parution. Il leur faut parfois plus de temps en raison de la complexité des méthodes utilisées car chaque coupe obéit à une architecture particulière. Je demeure sur ce point fidèle à ma démarche et j'entends ne pas m'en écarter : une coiffure est d'abord le fruit d'une construction minutieuse. Nous structurons au moyen de nos ciseaux pour obtenir l'essentiel de la coupe, la forme, le volume voulus sans avoir à recourir à des brushings ou autres artifices. De cette façon le cheveu se remet en place sans problème après un shampooing. Le temps que l'on consacre à une coupe varie selon la nature de la chevelure, certaines nécessitant trois quarts d'heure de travail tandis que d'autres ne requièrent que vingt minutes. Cela dépend aussi du style de la coiffure. Un carré n'exige pas moins d'une heure et demie si l'on veut parvenir à un résultat parfait comme un trait de crayon.

JUILLET 11F

marie claire

MAIGRIR
PAR L'ÉNERGIE
CHINOISE

UN HAREM
D'HOMMES:
MODE DE VIE
POUR FEMMES
LIBRES 86

GIULETTA
MASSINA:
"42 ANS AVEC
FELLINI"

L'ENNEMI
PUBLIC N°1 DE
L'AMOUR

BEAUTÉ D'ÉTÉ:
L'ÉCLAT PAR
LES PLANTES

Coupe bol. Photo Sacha, *Marie-Claire*, juillet 1986

C'est en cela que notre démarche se distingue de celle de la majorité des coiffeurs qui passent plus de temps à placer les cheveux à grand renfort de produits qu'à la coupe elle-même. A chacun sa méthode! Je préfère quant à moi préserver la qualité, même si ma rentabilité s'en ressent. Ces propos peuvent surprendre, mais il faut savoir que les différences de prix entre les grands salons et les autres se sont estompées et mes tarifs ne sont guère plus élevés que ceux d'un petit salon, trente pour cent tout au plus.

Quoi qu'il en soit, ces techniques de coupe particulières sont notre point fort depuis des années. J'ai l'intention de reprendre avec mes collaborateurs le travail des coiffures qui ont nécessité la mise au point de méthodes plus complexes, comme la coupe « sauvage » ou le carré. En raison du phénomène de la mode, nous les avons laissées de côté et il me semble important de revenir aujourd'hui sur ces indémodables.

En dehors des périodes où nous préparons une coupe, je m'efforce de choisir des sujets différents d'un training sur l'autre, ce qui n'est pas toujours du goût de mes coiffeurs. Cette façon de casser le rythme est déroutante, mais elle leur évite de tomber dans la routine, en les obligeant à se remettre en question. Je leur demande à brûle-pourpoint de travailler le dialogue avec la cliente, ou d'améliorer la coiffure de leur modèle sans toucher à la longueur de ses cheveux... En les prenant au dépourvu, je les replace dans les conditions du salon où rien n'est prévisible, aidé en cela par la diversité de nos modèles. Ce sont des femmes qui se présentent spontanément parce qu'elles ont envie de se faire coiffer chez nous. Elles disposent de la liberté de choix pour leur coupe, sauf quand mes coiffeurs doivent apprendre un style défini. Dans ces cas-là nous recherchons des modèles dont le visage, la stature et la nature de cheveux se prêtent le mieux à ce type de coiffure.

Les assistants-coiffeurs bénéficient quant à eux d'une formation intensive, à raison d'une séance par semaine, sous la direction du manager du salon. A la différence de leurs aînés qui ne connaissent pas à l'avance le thème de leur training, ils ont un planning soigneusement établi. Au stade qui est le leur, il ne saurait être question de fantaisie, il leur faut avant tout acquérir une technique et une maîtrise parfaite de leurs instruments. Nous modulons en fonction du niveau de chacun et si au bout de deux ans de travail un training par semaine s'avère suffisant, il n'en est pas de même pour les débutants. Ils ont besoin d'un entraînement accéléré tous les soirs pour combler les lacunes de leur formation. Mais peut-on encore parler de lacunes quand il s'agit en fait de reprendre l'ABC du métier qu'ils n'ont pas acquis pendant leur formation initiale...

Depuis dix ans le niveau de qualification s'est effondré chez les jeunes qui sortent des écoles de coiffure. Alors que notre métier requiert aujourd'hui une compétence accrue, le système de formation, privé comme public, est tombé dans la médiocrité. Sans les techniques de base (les boucles, les crans...) qui donnent à l'apprenti l'impression de perdre son temps, non seulement on ne peut plus faire de coiffures « classiques » (les crans années trente ou les chignons de Stéphane Audran dans certains films de Claude Chabrol) mais on manque des outils élémentaires pour créer des coiffures « actuelles ».

Je ne noircis pas le tableau, c'est ce que je constate chaque fois que je veux embaucher des débutants. La situation en est arrivée à ce point que, sur deux cents candidats, j'ai souvent du mal à en retenir un seul. Pourtant je ne demande pas le Pérou, je n'exige pas qu'on réalise trois coupes dans le style Maniatis, à la manière des essais d'autrefois. Comment le pourrais-je d'ailleurs, quand certains ignorent jusqu'à mon nom et que la plupart ne savent pas faire un shampooing... Je retiens celui qui, à défaut de technique, a la volonté de progresser et je suis contraint de le reformer pendant deux ans pour lui apprendre la base.

Les raisons d'un tel déclin sont simples : il n'existe plus dans la coiffure d'école ou de centre de formation digne de ce nom. Nous avons sombré dans la facilité, au nom du profit. Les écoles privées qui fleurissent un peu partout, parfois sous couvert de grands noms, offrent des formations de six mois à un an, moyennant des sommes élevées. Les jeunes en sortent avec un vague diplôme attestant de leurs prétendues capacités à être coiffeurs et... s'en vont grossir les rangs des chômeurs, de plus en plus nombreux dans notre profession. Prétendre former un coiffeur en six mois n'est qu'un leurre dont les jeunes font les frais. Aujourd'hui comme hier, deux ans, voire trois sont nécessaires pour assimiler les bases de la coiffure. A ma connaissance on coupe encore les cheveux avec une paire de ciseaux et, à moins qu'on n'ait inventé quelque procédé miraculeux, il faut toujours plusieurs mois pour en apprendre le maniement! Les élèves n'y peuvent rien, on ne saurait leur tenir rigueur de l'ignorance de leurs maîtres. Il leur est difficile d'acquérir les techniques élémentaires quand leurs professeurs ne les connaissent pas eux-mêmes... Dans ces conditions, je vois mal comment ces établissements seraient en mesure de donner une préparation sérieuse aux jeunes qui les fréquentent.

Personne n'aurait l'idée saugrenue de construire un immeuble de vingt étages sans l'asseoir sur des fondations solides, pourtant c'est ce qu'on fait dans la coiffure. Les formations actuelles, vides de tout contenu et fort coûteuses, font miroiter un avenir facile, si bien qu'au terme de leurs études les élèves sont persuadés que leur carrière est assurée. Ils s'imaginent qu'ils vont trouver un emploi de coiffeur sans difficulté. Quelle n'est pas leur stupeur quand ils constatent qu'ils doivent d'abord retourner au bac à shampooing! On leur a laissé croire qu'il s'agissait d'un métier simple alors qu'il nécessite des années d'efforts si l'on veut l'exercer correctement. Ils ne peuvent comprendre qu'on ne devient pas coiffeur par hasard, mais par amour.

J'avoue que je suis consterné par cette situation, par tant de gâchis. J'ai consacré trente ans de ma vie à cette profession, je sais ce qu'il en coûte de travail pour en maîtriser les techniques. Cela nécessite un investissement personnel considérable, une remise en cause de chaque instant. Lorsque j'ai débuté, la sélection était impitoyable à l'école comme dans les salons; seuls surnageaient ceux qui avaient la vocation. Il fallait d'abord passer le cap de la formation initiale, où l'erreur et la paresse étaient sanctionnées avec sévérité. Armés de nos connaissances, nous devions ensuite nous battre pour creuser notre trou et progresser, sans trainings ni vidéo-cassettes. Tout se cachait. On ne nous dévoilait jamais les détails d'une nouvelle coiffure, nous tâchions d'y arriver seuls. Il en était de même pour les clientes. Lorsque j'ai commencé à faire des coupes chez Carita, on m'en confiait peu, estimant que c'était à moi de me débrouiller pour me créer une clientèle. La compétition était rude pour les débutants et nous n'arrivions à coiffer que tôt le matin ou tard le soir, quand les coiffeurs confirmés n'étaient pas là ou désiraient terminer leur journée. On nous laissait les miettes, pour ainsi dire! Dur système, je le reconnais, mais cela nous donnait des ailes.

Je n'en ai pas la nostalgie, loin de là! Le passé est ce qu'il est et seul le présent m'intéresse. Mais la pensée qu'il n'y a personne pour assurer la relève de ma génération m'attriste et m'inquiète. Je ne dis pas qu'il n'existe plus de bons coiffeurs, je me contente de noter que le niveau de notre profession s'affaisse lentement et sûrement, aux dépens de la clientèle.

Pourtant quel beau métier que le nôtre! Lorsqu'une femme se sent mal dans sa peau, que fait-elle? Avant d'aller s'acheter une robe, elle se rend chez son coiffeur pour changer de tête. Et nous sommes en train de gâcher cela! Grâce à la formidable évolution qu'a subie la coiffure depuis quinze ans, nous sommes en mesure de satisfaire mieux que jamais les besoins du public. On attend de nous une compétence accrue et il nous faut relever le défi, sinon l'incompréhension va grandir au fil des ans. Certains se lamentent sur la baisse de la fréquentation des salons, qu'ils attribuent à la diminution du pouvoir d'achat. C'est une réponse facile! Plutôt que de se lamenter et de se voiler la face, il serait préférable d'attaquer le problème de front! La formation est défaillante? Aux grands maux les grands remèdes! Il suffit de créer une école d'élite à l'image de ce qui existe dans d'autres professions (école d'hôtellerie de Lausanne, école Boulle, école de graphisme et de directeurs artistiques de Zurich), un établissement qui dispense une formation de qualité, où la sélection, rigoureuse, s'opère non par l'argent mais par le mérite. Pendant trois ans, les futurs coiffeurs pourraient y apprendre, sous l'autorité de professeurs compétents, l'essentiel et l'indispensable. La première partie des études serait consacrée à la technique de base classique (petits crans, crans à la main, boucles crantées, maniement des ciseaux, dégradés aux ciseaux, rasage, techniques de coupe masculine...), ensuite les élèves apprendraient les techniques actuelles. La scolarité comprendrait aussi un enseignement axé sur le dialogue, la psychologie, la manière de se comporter avec les clients. Le maintien de la réputation de notre métier passe par là, même si cette solution doit déranger quelques intérêts acquis. Je suis persuadé que cela ferait renaître des vocations chez des jeunes qui se détournent de la coiffure, une profession dévalorisée à leurs yeux. Et ne serait-ce que pour cette raison, ce projet vaut la peine qu'on le défende! J'ai beau m'y employer depuis des années, je n'ai guère trouvé d'écho...

Je pourrais me contenter de travailler dans mon coin, sans me soucier du reste, mais je ne me leurre pas. Si nous nous révélons collectivement incapables de satisfaire la clientèle, mon image s'en ressentira aussi. On généralise aisément, surtout dans le mauvais sens!

Dans ces conditions, on comprend que j'attache une importance particulière à la formation et au recyclage permanent de mes collaborateurs. Je n'ai pas d'autre moyen de maintenir la qualité de travail que j'ai toujours eu le souci d'apporter, et ce n'est pas chose facile quand il faut entraîner deux cent trente personnes dans son sillage. C'est pourquoi je me suis limité à quatre salons. Je ne suis pas hostile au principe de la franchise, mais la façon dont elle se pratique dans la coiffure ne me satisfait pas. La formule ne pose pas de difficultés particulières pour le prêt-à-porter, puisque les franchisés ne sont pas des fabricants. Ils achètent un nom et se contentent de revendre les marchandises livrées par la maison mère, qui a tout contrôle sur la qualité de ses produits. Il en va autrement dans notre profession, dans la mesure où le franchisé est aussi le réalisateur.

Prenons un exemple fictif pour comprendre ce qui se passe en règle générale. Imaginons le cas d'un bon coiffeur qui exerce en province et dont le salon tourne bien. Pour se démarquer de ses concurrents, il va décider d'acheter un grand nom. Il se renseigne, dépose une demande et sa proposition va être examinée en fonction de certains critères, tels que la superficie de son salon et la localité. S'il satisfait aux conditions requises, il va suivre un stage où il apprend quelques nouveautés avant de s'en retourner chez lui. Sa clientèle habituelle sera flattée et ne lui en voudra pas d'en avoir profité pour augmenter ses tarifs. Attirées par le nom prestigieux qu'il affiche, d'autres femmes vont affluer et c'est là que la situation se gâte. Elles viennent pour un style, une ligne précise que notre coiffeur est bien en peine de leur apporter. Son court recyclage ne lui permet pas de faire des coupes différentes de celles qu'il réalisait auparavant, si bien que ses nouvelles clientes vont repartir avec le sentiment d'avoir été flouées.

Cette déception est légitime, il y a duperie! On ne peut vendre un nom sans un style, sinon on s'expose à une perte de crédibilité. Telle est ma conception de la franchise. J'en ai fait l'expérience par moi-même il y a quelques années, lorsque j'ai voulu ouvrir une diffusion à Lille. La personne à qui j'avais confié mon nom avait suivi un recyclage et me semblait très compétente. Dès l'ouverture, le salon a connu un succès important qui ne s'est pas démenti pendant plusieurs mois. Tout paraissait se dérouler pour le mieux quand soudain, grisé par la réussite, le manager a estimé qu'il n'avait plus besoin de venir régulièrement en training à Paris. Je n'ai pas eu à attendre longtemps pour recevoir des lettres indignées où les clients me faisaient part de leur déception. « Comment pouvez-vous tolérer cela? Où va votre nom, monsieur Maniatis!... », bref des commentaires fort déplaisants! Au bout de trente missives de ce genre, j'ai compris qu'une réaction s'imposait et j'ai retiré ma marque. Je veux bien gagner de l'argent, mais pas de cette manière!

C'est pourquoi je pose des conditions précises lorsque je reçois des propositions. A celui qui souhaite devenir mon franchisé, je demande de réaliser un essai pour évaluer ses capacités et lui indiquer combien de temps il lui faudra se recycler chez moi. Je lui précise que cette formation d'un an ou plus ne débouchera sur un accord que si elle s'avère concluante. Sur les vingt coiffeurs qui chaque mois me font une offre, aucun n'a donné suite... Je ne cacherai pas qu'ils me prennent pour un fou! Passe encore pour le test, mais le recyclage! Nous ne parlons malheureusement pas le même langage. Ils pensent me faire plaisir en m'apportant de l'argent, en échange de quoi ils veulent juste mon nom. Or c'est ce que j'ai de plus précieux! Il n'est pas question pour moi d'avoir des franchisés qui réalisent autre chose que du Maniatis! Ce serait détruire des années de travail et tromper la clientèle. Jusque-là je n'ai accepté de donner ma marque qu'à deux salons, dirigés par deux de mes anciens coiffeurs. J'ai toute confiance, ils ont travaillé avec moi pendant dix ans et viennent régulièrement s'entraîner.

Je désire rester créatif, non me mettre au diapason de deux cents diffusions en étant contraint d'effectuer des coiffures plus faciles. Je ne tiens pas à me transformer en homme d'affaires, même si certains projets sont alléchants. Il est parfois difficile de résister et j'avoue avoir mûrement réfléchi quand la chaîne Bloomingdale m'a proposé de monter des salons à travers tous les États-

Unis. C'était une offre tentante que j'ai pourtant refusée, de peur de n'être plus qu'un représentant de luxe, sans identité.

Toute la question est de savoir ce que l'on cherche. J'ai misé sur la rigueur et parié sur la qualité, parce que la routine ne m'intéresse pas. La création n'est pas une voie facile, mais on en retire tant de satisfactions que je ne puis en concevoir d'autre. C'est ce qui constitue la richesse de notre métier.

J'ai cru bon d'évoquer ces problèmes dans la mesure où ils nous concernent tous. Nous ne sommes que des artisans, des ouvriers de la beauté. Nous travaillons sur la tête d'autrui, non sur quelque matériau inerte, ce qui nous interdit de jouer aux apprentis sorciers. A trop négliger ce point essentiel, nous risquons de nous discréditer en tant que professionnels. Ne serait-il pas regrettable que la coiffure française, qui tenait le haut du pavé, perde sa crédibilité et son influence pour n'avoir pas su réagir à temps?

IV

De nouvelles relations
avec votre coiffeur... et vos cheveux

J'ai parlé d'un malaise qui est né, selon moi, aux alentours de 1978. Les relations se sont dégradées entre la clientèle et bon nombre de coiffeurs pour diverses raisons, en particulier celles dont j'ai déjà fait état, c'est-à-dire une formation défaillante et le fourvoiement de certains grands noms dans la franchise à outrance. Là-dessus s'est greffée une évolution des besoins et des goûts du public, qui n'a pas été suivie par notre profession.

Jusque-là, nous avions travaillé sans trop de problèmes suivant le principe défini dès 1968. Toutes les femmes qui voulaient vivre leurs cheveux sans contrainte trouvaient des coiffures nécessitant un minimum d'entretien. Les coiffeurs proposaient un éventail de coupes qu'ils savaient réaliser et pour lesquelles la clientèle venait. Puis, vers la fin des années soixante-dix, les attentes se sont modifiées. On ne souhaitait plus une coupe spécifique, on voulait un style personnalisé. Avant d'être à la mode, les femmes désiraient une coiffure adaptée à leur visage et qui tienne compte de leur façon de s'habiller.

Malheureusement, une majorité de professionnels, dont les grands, n'ont pas perçu ces exigences ou n'ont pas su y répondre. Ils ont continué à faire systématiquement la dernière coupe de la saison, envers et contre tout, y compris la volonté de leurs clientes. Ne trouvant ni la compétence ni le dialogue escomptés, une partie des femmes ont commencé à s'éloigner des salons. La méfiance s'est développée et le divorce, qui menaçait, est devenu inévitable quand les coiffeurs ont commencé à utiliser de nouveaux produits coiffants, tels que mousses, gels, sans en donner le mode d'emploi aux principales intéressées.

Mes salons n'ont pas été épargnés par ce malaise. Il m'a fallu un moment pour m'apercevoir que ce qui me semblait évident ne l'était pas pour tous mes collaborateurs. Ayant toujours considéré chaque cas comme un cas particulier, il ne m'était pas venu à l'esprit qu'on puisse travailler autrement. Je ne pouvais imaginer qu'on coiffe une femme sans tenir compte de sa silhouette ni de son visage ou de ses désirs. Je le pratiquais d'instinct depuis 1968, aussi n'avais-je pas éprouvé le besoin de le formaliser. J'ai sans doute tardé à percevoir ce problème et il n'est pas exclu que certaines clientes aient été déçues. Je ne parle pas de la qualité des coupes, mais de l'absence de dialogue qui a pu conduire à des erreurs et des insatisfactions dans mes propres salons. Je m'en excuse, il est difficile de tout voir et savoir sur-le-champ lorsqu'on emploie deux cent trente personnes... Du jour où j'ai pris conscience de ces difficultés, je me suis attaché à expliquer à mes coiffeurs la démarche qu'ils devaient adopter. C'est une démarche fondée sur le bon sens, qui respecte l'individu et évite ainsi bien des déceptions et des malentendus. J'ai multiplié les trainings sans relâche afin qu'ils assimilent dans le détail les règles que je considère comme essentielles. Elles constituent la base des relations qui doivent aujourd'hui s'établir entre le coiffeur et son client.

Cela repose sur un principe simple : il s'agit de rendre au consommateur qu'est le client la place qui lui revient. Force est de constater que beaucoup reste à faire de ce point de vue! Si nous avons accompli de formidables progrès sur le plan technique, l'évolution tarde pour ce qui est du comportement du coiffeur. Il faut en finir avec la mentalité des années soixante, l'autosatisfaction et le professionnalisme dédaigneux, pour en revenir à une attitude plus saine! C'est indispensable pour dissiper le malaise et restaurer la confiance.

Avant tout il convient de se débarrasser de certaines idées reçues qui sévissent encore ici ou là. On ne peut donner des conseils, comme on le faisait il y a vingt ans, pour recommander telle ou telle coiffure avec tel type de visage. Ces notions sont dépassées, elles ne tiennent pas compte de la diversité des cas. On ne coiffe plus en fonction d'une tête, on coiffe d'abord en fonction d'une carrure et d'une taille. Une femme qui a un visage long, des cheveux plats et mesure un mètre soixante ne portera pas la même coupe que si elle avait quinze centimètres de plus et des cheveux bouclés. Il me semble que cela tombe sous le sens! C'est la silhouette qui détermine la longueur et le volume de la coiffure. Ce critère conditionne tout. Contrairement à ce qu'on pourrait penser, une femme grande et carrée supporte les cheveux courts, à condition de proportionner, d'équilibrer avec ses épaules et de ne pas lui faire une coupe à la Jean Seberg, très près de la tête. Quant à prétendre que les cheveux longs rapetissent les petites tailles ou que les cheveux courts ne sont pas féminins, je ne connais pas pire absurdité! La féminité ne se mesure pas à la longueur de la chevelure. Certaines femmes n'ont pas la possibilité de porter les cheveux longs pour des raisons esthétiques et elles seront plus séduisantes, plus féminines avec des coupes courtes.

Dans notre métier les généralités ne sont d'aucun secours, elles conduisent à des erreurs que le simple coup d'œil aurait permis d'éviter. Il n'existe pas de guide pratique, ni de recette miracle. Il faut moduler au cas par cas, c'est-à-dire savoir regarder.

C'est pourquoi je m'élève contre la pratique qui consiste à se précipiter sur une cliente avec un peignoir dès qu'elle a franchi la porte du salon, à lui donner un catalogue de coupes et à l'entraîner illico vers le bac à shampooing. Cet usage va à l'encontre de toute logique! Dans ces conditions, que sait le coiffeur de la personnalité, de la stature et de la nature des cheveux de cette femme qu'il voit pour la première fois? Rien. C'est le principe de la roulette. La malheureuse a une chance sur deux de ressortir avec une tête qui ne lui plaira pas.

L'accueil d'une cliente doit, à mon sens, se

passer en deux temps : avant de songer à lui faire passer une blouse, il importe de discuter avec elle pour la connaître. Dans mes salons, ce sont les managers qui sont chargés de recevoir les nouvelles venues. Préalablement à toute opération, le responsable s'entretient avec la cliente afin de savoir qui elle est et ce qu'elle veut. Il a besoin de voir comment elle est vêtue et proportionnée, de recueillir des indications sur son style et sa silhouette. Il s'informe de ses précédentes expériences, de ce qui lui a plu ou déplu, des permanentes ou des couleurs qu'elle a eues, de la réaction de ses cheveux, etc. Toutes ces questions aident à connaître ses goûts comme ses difficultés et se révèlent plus profitables que le traditionnel : « Qu'est-ce qu'on vous fait ? » Cette demande ne présente pas d'intérêt dans la mesure où l'on arrive rarement avec une idée précise en tête. Plus grave encore, elle ne permet pas au coiffeur de savoir quelle longueur de cheveux on désire porter. C'est pourtant l'information essentielle, qui détermine le choix de la coiffure.

Après avoir glané tous ces éléments, le manager explique à la cliente ce qu'il conçoit comme style de coupe, le lui montre sur un « book » afin de lui en donner une idée ; puis il appelle le coiffeur, s'il ne l'a déjà fait, pour la discussion qui s'ensuit. Lorsque tous trois sont parvenus à une décision, on peut alors, et à ce moment-là seulement, penser au peignoir.

Avec ou sans manager, voilà selon moi le seul schéma acceptable. Il n'est pas concevable d'ignorer des facteurs aussi importants qu'une silhouette et une personnalité, moins encore d'agir à sa guise, sans tenir compte des vœux d'une cliente. J'insiste sur ce point, tant il me paraît inadmissible de couper les cheveux d'une femme contre sa volonté. Un tel procédé, humiliant et traumatisant pour celle qui le subit, a contribué à instaurer un climat de méfiance vis-à-vis de notre profession. Le coiffeur n'a pas à imposer son choix sous prétexte qu'il connaît son métier ou que c'est la tendance de la saison. Souvent les femmes qui portent les cheveux longs ne veulent pas les couper; elles désirent juste personnaliser leur coiffure et il suffit de quelques détails pour leur donner satisfaction. En changeant un détail de coupe, on peut casser la monotonie des cheveux longs (par exemple, couper quelques mèches qui, en arrière, donnent du volume ou reviennent en frange, selon l'humeur). On peut aussi jouer sur la couleur. Tout cela permet de réactualiser la coiffure, de mettre en valeur un visage et de lui apporter une touche personnelle. Quand bien même les cheveux longs ne sembleraient pas être la coiffure la plus appropriée, il n'est pas question de les couper si la cliente n'en a pas envie. On peut imaginer une autre solution, dégager légèrement les mèches qui mangent son cou, raccourcir sur le front pour remettre sa silhouette d'aplomb. Avec ces petits détails, on répond à son attente, en se conformant à ses vœux. Mais, pour y parvenir, encore faut-il établir un réel dialogue et non un dialogue de sourds!

Cela dit, il arrive que certaines femmes ne sachent pas si elles souhaitent des cheveux longs ou courts. Ce « Coiffez-moi comme vous voulez » est redoutable pour le coiffeur, qui se trouve contraint de décider à la place de la principale intéressée. Pour avoir été confronté à de telles situations, je sais ce qu'elles ont d'inconfortable, surtout quand on entend en conclusion : « Oh! mais je ne me voyais pas comme ça... » Le cas inverse n'est guère plus agréable. Lorsqu'une femme réclame telle coupe et rien d'autre, alors que de toute évidence cela ne lui ira pas, il est délicat de le lui expliquer. Il ne reste plus qu'à s'exécuter, en essayant de faire de son mieux. Mais il s'agit là d'exceptions qui ne doivent pas cacher le fond du problème.

Un dialogue préalable permet d'éviter les malentendus et les drames qui, hélas, émaillent l'histoire de trop nombreux salons. Plutôt que de se précipiter pour exécuter une coupe de A à Z, il vaut mieux prendre le temps d'écouter et d'observer. Coiffer ne consiste pas à tout changer de manière systématique. Cette attitude conduit à des absurdités, d'autant plus graves que la cliente doit supporter sa tête pendant des semaines, voire des mois. Savoir qu'elle a la coupe « dernier cri » ne lui est d'aucun réconfort quand, tous les matins, elle se trouve ridicule en se regardant dans sa glace! Pourtant il aurait suffi de lui consacrer quelques instants avant de s'emparer des ciseaux pour comprendre que son style ou son âge ne s'y prêtaient pas.

Je ne considère pas l'âge comme un critère essentiel en soi. Il intervient, mais de manière indirecte, du fait qu'au fil des ans notre visage se modifie, notre caractère évolue ainsi que notre manière de nous habiller. Ce sont les raisons pour lesquelles on ne se coiffe pas à vingt ans comme à cinquante et non pour une quelconque question de convenances. Considérer qu'on ne peut se permettre une coupe sous prétexte qu'on en a passé l'âge me semble regrettable, c'est prendre le problème par le mauvais bout! Rien n'oblige après la soixantaine à se réfugier dans les colorations bleuâtres, les permanentes et les bouclettes! J'ai réalisé des coupes très courtes sur des femmes de soixante-dix ou quatre-vingts ans et elles les portaient magnifiquement! Tout dépend de la personnalité et de la structure du visage, non de l'âge. Plutôt que de chercher à adoucir les traits, ce qui risque de vieillir, il vaut mieux adopter la démarche inverse dans certains cas et durcir la coupe. Il n'y a pas de règle générale, une fois encore, il faut adapter en fonction de chaque visage. Ce critère est aussi déterminant pour le coiffeur que la silhouette. Je demande à mes collaborateurs de toujours faire en sorte que le visage reste jeune et d'en respecter les particularités, quitte, au besoin, à créer quelques imperfections dans le coiffage. Je sais qu'il leur est difficile de résister à la tentation de la perfection, pourtant ce sont ces petits défauts voulus qui personnalisent une coiffure.

 L'accueil, tel que je viens de le décrire, me semble indispensable si l'on veut éviter les fâcheuses surprises, et chacun est en droit de l'attendre dans n'importe quel salon aujourd'hui. Ces quelques règles élémentaires n'ont rien d'extravagant, elles procèdent d'une démarche simple, rationnelle.

 C'est seulement après cette étape qu'on peut

envisager le shampooing, encore que cela ne constitue pas le circuit obligatoire. Il est bon parfois de commencer la coupe avant même de laver les cheveux, parce qu'on voit leur forme, leur mouvement naturel. En revanche, dans d'autres cas les cheveux ne révèlent rien à sec, compte tenu de leur état ou de la précédente coupe, et il est nécessaire de passer d'abord au bac. L'opération du shampooing requiert beaucoup de soin dans la mesure où elle conditionne tout le reste. Des cheveux mal lavés, un rinçage approximatif peuvent gâcher le travail de la permanentiste comme celui du coiffeur. Et qu'y a-t-il de plus agréable qu'un shampooing bien fait, lorsqu'on vous masse longuement le cuir chevelu avec douceur? Ces instants qui doivent être l'occasion de se détendre et non une simple lessive exigent savoir-faire et patience. Pour en avoir fait l'expérience, je crois que les salons de coiffure japonais sont inégalables dans ce domaine, vous offrant dix minutes d'un bien-être incomparable, de totale relaxation, grâce à l'habileté étonnante de leurs shampouineurs.

Quant à la phase suivante, à savoir la coupe, précisons, puisque nous en sommes au chapitre des évidences, qu'elle ne se déroule pas exclusivement en position assise. J'entends par là qu'il faut demander au client de se lever à plusieurs reprises pendant ce travail, afin d'apprécier les proportions. Sans cela je vois mal comment le coiffeur peut équilibrer, au besoin égaliser les mèches s'il se trouve toujours en surplomb, avec comme seul repère le reflet que lui renvoie le miroir. Il n'est pas question de couper les cheveux debout, un exercice qui relèverait de l'acrobatie quand la coiffeuse mesure un mètre soixante et sa cliente un mètre quatre-vingts! Il s'agit de tourner autour de la personne que l'on coiffe, de photographier les endroits qui appellent une retouche, quitte à prendre du recul si elle est grande. Une fois qu'elle s'est rassise, on apporte les rectifications nécessaires. En renouvelant l'opération trois ou quatre fois, on évite les pattes de différentes longueurs, les côtés inégaux, qui sont loin d'être toujours du meilleur effet...

Nul n'est infaillible, le coiffeur pas plus qu'un autre. Nous n'avons pas un compas dans l'œil, aussi sommes-nous tenus de vérifier, de reprendre sans cesse notre travail pour nous assurer que rien n'a été omis. Ce principe, valable pour la coupe, s'applique également aux permanentes et aux couleurs. Il est invraisemblable qu'aujourd'hui une femme ressorte d'un salon avec des cheveux abîmés ou brûlés par une permanente trop forte! Nous disposons de produits remarquables, qui permettent des utilisations adaptées à chaque cas, pour peu qu'on en surveille les réactions. Je tiens à préciser à cette occasion que, contrairement à une idée répandue, on ne réalise pas une permanente ou un balayage avant de couper les cheveux. On ne doit pas faire une permanente pour faire une permanente, c'est dépassé! Ce procédé, comme la couleur, vient en complément de la coupe. Il n'y supplée pas, il amène un plus. C'est pour cette raison que les permanentistes et les coloristes de mes salons participent aux mêmes trainings que mes coiffeurs.

Leur travail est complémentaire, il ne peut être dissocié.

Comment procèdent-ils? Imaginons qu'une femme désire apporter un éclat à ses cheveux ou qu'elle ait besoin d'une permanente, en raison de la nature de sa chevelure. Le coiffeur effectue la coupe, puis il sèche sommairement les cheveux à la serviette. Il les place pour que la technicienne ait une idée de la forme de la coiffure. Tous deux déterminent les endroits où il faut mettre une touche de couleur, redresser un épi, donner un léger volume. Quand elle a terminé son travail, la coloriste ou la permanentiste sèche la tête de la cliente pour s'assurer que tout va bien. S'il manque un petit quelque chose ici ou là, elle recommence jusqu'à ce qu'elle parvienne au résultat désiré. A ce moment-là, le coiffeur peut finir sa coupe. En travaillant de cette manière, on arrive à moduler avec précision, en fonction de chacun, afin d'obtenir l'effet voulu, l'indispensable et rien de plus.

La permanente et la coloration sont deux secteurs qui demandent une grande compétence ainsi qu'une parfaite connaissance des cheveux et des produits dont on dispose. Malgré cela, il arrive que les cheveux ne réagissent pas comme on le pensait, d'où la nécessité de demeurer très vigilant. Il n'est pas possible de relâcher sa surveillance, de régler sa minuterie et de passer à autre chose, surtout quand il s'agit d'une nouvelle cliente; sinon on court à la catastrophe. Pour une couleur comme pour une permanente, il faut sans cesse contrôler, défaire un rouleau, rincer une mèche afin de s'assurer de l'évolution du produit.

En effet, le temps de pose peut varier de deux à quinze minutes selon les cas. Certaines chevelures sont à peine frisées après un quart d'heure d'application, alors que d'autres le sont si vite qu'on est contraint d'appliquer tout de suite un autre produit pour stopper la réaction. Lorsqu'il y a prise rapide, il vaut mieux, par mesure de précaution, mettre les rouleaux à l'eau et passer ensuite le liquide de permanente. Cela permet de doser l'effet pour obtenir une frisure uniforme.

Le cas des hommes est plus particulier, en ce sens que leurs cheveux ne se comportent pas du tout comme ceux des femmes. Ils supportent mal les colorations, ainsi que je l'ai constaté chaque fois qu'il m'a fallu teindre un comédien pour les besoins d'un film. Je ne sais pourquoi, les couleurs virent peu de temps après leur application pour prendre des tons hideux. Dans ces conditions, on ne peut que leur suggérer d'assumer stoïquement leurs cheveux blancs! Quant aux permanentes, elles leur sont déconseillées; leurs chevelures plus fragiles que celles des femmes ne les tolèrent pas. Comme quoi, lorsqu'on parle du sexe « faible »...!

Compte tenu de la manière dont on utilise les permanentes et les couleurs, ces deux secteurs sont devenus des métiers à part entière. Ils relèvent de la création au même titre que la coupe puisqu'on travaille en fonction de chaque cas et non plus à la chaîne. C'est pourquoi il me semble nécessaire aujourd'hui de distinguer ces activités dont le coiffeur s'est chargé pendant longtemps. On trouve des spécialistes compétents, mais il faudrait développer et réhabiliter ces professions, qui sont souvent considérées comme la cinquième roue du carrosse. Cela passe par la mise en place de formations spécifiques, qui n'existent pas pour le moment, de manière à avoir davantage de gens performants.

Comme je l'ai souligné, des progrès importants ont été accomplis dans le domaine des permanentes. On peut en moduler les effets à l'infini, s'en servir aussi bien pour friser que pour raidir les cheveux. Quant au secteur des teintures, il a subi un bouleversement plus profond encore, avec l'apparition de la mise en relief. Ce procédé, qui relègue les traditionnelles couleurs et les balayages au rang des accessoires, permet d'en finir avec les racines noires et les dégâts occasionnés par des mèches mal faites. En l'élaborant il y a deux ans, j'ai cherché à satisfaire la demande d'une majorité de femmes qui veulent donner un éclat à leur chevelure sans modifier leur couleur naturelle. Grâce à cette technique, on ne décolore pas la racine, on se contente d'apporter une luminosité au visage pour le mettre en valeur. On joue sur la couleur, à des endroits précis, en laissant les racines intactes, de sorte que l'effet est subtil, tout en nuances. Cela ne nécessite aucun entretien et en vieillissant l'éclat se patine. Ce procédé ouvre la voie à une variété d'applications, puisqu'on peut s'en servir pour des mèches plus fortes sans que le cheveu soit altéré. Il est possible de moduler selon les désirs de chacun pour un résultat plus ou moins soutenu. Je n'entends pas supprimer les couleurs ni les balayages pour celles qui le désirent, mais il me semble nécessaire d'offrir d'autres choix. Pourquoi l'uniformité quand il y a moyen de diversifier et de personnaliser?

J'estime qu'on devrait trouver ce service partout aujourd'hui, tant il est rapide et inoffensif. Ce n'est pas le cas malheureusement, les habitudes sont tellement confortables...

Quoi qu'il en soit, mise en relief ou non, la cliente est en droit de savoir quels sont les produits utilisés lors d'une permanente ou d'une couleur et quels soins il lui faut apporter à ses cheveux à la suite de ces opérations. Comme elle est la première concernée, il me paraît indispensable de l'associer à ce qui se passe et de poursuivre le dialogue tout au long des étapes. Une fois la coupe terminée, le coiffeur doit prendre le temps de lui expliquer comment se recoiffer et surtout le lui montrer. Cela est d'autant plus important que nous utilisons maintenant divers produits coiffants dont l'emploi n'est pas évident et que, pour avoir négligé ce point essentiel, nous avons provoqué le mécontentement de la clientèle.

Le problème a surgi avec l'apparition de toute une gamme de mousses, gels et sprays lancés vers 1980 par plusieurs grandes marques. Jusque-là, nous ne disposions d'aucun produit de ce genre, à l'exception du Ténax de Roger & Gallet, un gel qu'on utilisait après-guerre et qu'on ne trouvait plus que chez certains pharmaciens. Dès 1978, je m'en étais servi pour la « brosse sauvage », parce que j'avais envie de travailler les cheveux différemment. Avec ce produit et la brillantine, nous avons pu trouver d'autres volumes, de belles matières et un mode de coiffure nouveau. Les fabricants, tels que L'Oréal, qui travaillent en étroite relation avec quelques-uns d'entre nous, ont élaboré des produits performants adaptés à nos besoins, ce qui nous a permis d'explorer cette voie. L'introduction des mousses et des gels nous a amenés à travailler nos coupes suivant d'autres techniques et nous a ouvert des possibilités fabuleuses. Ainsi, à partir d'une coupe, nous sommes enfin à même d'offrir trois coiffures différentes aussi réussies les unes que les autres, ce qui n'était pas le cas dans les années soixante-dix.

C'en était donc fini du brushing, bien que pour ma part je ne m'en sois jamais beaucoup servi, préférant obtenir le volume par la coupe. Je ne l'ai utilisé qu'à de rares occasions, pour des cheveux ternes ou altérés, afin d'avoir une matière plus belle. Mais, même dans ces cas précis, je ne tirais pas sur les mèches, comme on le fait trop souvent... Cette pratique, qui pouvait à la rigueur se concevoir pour les coiffures géométriques, est un non-sens aujourd'hui! Loin de donner du gonflant, elle vide le cheveu!

Tandis que l'ère du brushing touchait à sa fin, je suis entré dans celle du modelage. Cela signifie qu'après la coupe, lorsque les cheveux sont secs, je les modèle, je les sculpte au doigt à l'aide d'un produit coiffant.

Dès 1980, nous avons commencé à travailler suivant cette méthode. Nous faisions nos coupes, notre modelage, indiquant ensuite à nos clientes quels produits il leur fallait acheter pour parfaire leur coiffure. Satisfaites, elles repartaient, se procuraient la mousse ou le gel conseillé, puis elles se lavaient la tête. Et là, le drame! Elles ne savaient pas se servir du produit en question! Elles avaient beau avoir observé les gestes du coiffeur, elles n'arrivaient pas à les reproduire et à mettre en place leur coupe. Pis, elles faisaient tout à l'envers! Elles plaquaient leurs cheveux quand il aurait fallu les soulever, étalaient des paquets de mousse quand une noisette aurait suffi... Résultat, elles se retrouvaient coiffées comme des balais! Elles étaient furieuses, persuadées que la coupe était mal faite et que tous les coiffeurs étaient des incapables. Du même coup, elles ont commencé à déserter les salons et à écrire aux journaux féminins pour se plaindre. Leur colère était légitime vu que les fabricants, comme les coiffeurs, avaient oublié de leur donner le mode d'emploi de ces produits. Nous étions partis gaiement dans une nouvelle direction en les laissant sur le quai!

Alerté par les journaux et certains de mes collaborateurs, j'ai exigé de mes coiffeurs qu'ils montrent en détail à chaque cliente comment procéder et placer ses cheveux, gestuelle sans laquelle elle ne peut se recoiffer. Après ces explications, ils lui confient le séchoir en lui demandant de faire un essai pour s'assurer qu'elle saura se débrouiller seule. Il faut que les femmes connaissent et acquièrent ces gestes indispensables, ce sont les clés de leur autonomie. Je ne vois pas l'utilité de réaliser de jolies coiffures si celles qui les portent sont incapables de les refaire pendant les six semaines qui séparent leurs visites chez le coiffeur. Ou alors, on revient à l'époque du « coup de peigne »!

Cette ultime étape franchie, lorsque tout est terminé, le coiffeur doit laisser sa cliente remettre ses cheveux comme elle l'entend car, à vouloir trop bien faire, on détruit souvent le côté naturel de la coiffure. L'intéressée, qui se connaît mieux que quiconque, saura instantanément comment casser cette perfection et placer les mèches là où il le faut. Il n'y a aucune raison de s'en offusquer et, de toute façon, si elle ne le fait pas dans le salon, ce n'est que partie remise! Alors autant lui permettre de repartir avec une tête qui lui plaît!

Ces quelques règles simples et évidentes, fondées sur le bon sens, commandent les rapports qui doivent s'établir entre les coiffeurs et leur clientèle. Par là passent la réconciliation et l'amélioration des prestations que chacun est en droit d'attendre. Si votre coiffeur les applique, tant mieux. Sinon, exigez! Il s'agit de vos cheveux, de votre tête et de votre image! Le coiffeur et tout son savoir ne peuvent remplacer la connaissance que vous avez de vous-même. Il ne faut pas vous laisser impressionner, vous avez votre mot à dire. Ne vous en laissez pas conter et suivez ces quelques recommandations :

– Ne passez pas de blouse avant que le coiffeur ne vous ait vue.

– Ne vous laissez pas imposer une coupe sous prétexte que c'est la mode.

– N'acceptez pas de catalogue pour y trouver une idée. Le choix doit se faire au terme d'une discussion, en fonction de vos goûts, de votre silhouette et de votre personnalité, et aucun « book » ne peut y suppléer. Il vient en complément pour aider à visualiser la coupe.

– Vous devez vous lever pendant la coupe pour les proportions.

– Demandez qu'on vous explique comment

vous recoiffer et faites un essai dans le salon pour vous assurer que vous saurez vous débrouiller.

— Enfin, n'hésitez pas à passer la main dans vos cheveux, à secouer la tête pour trouver l'aspect qui vous convient. Si la coupe est bonne, c'est sans problème, les cheveux se remettront en place.

Il ne s'agit pas de quelques pieuses recommandations ou de paroles en l'air. Je n'ai pas l'habitude de me gargariser de mots, je commence par faire ce que je dis. Cette démarche est celle que j'ai imposée dans mes salons, au prix d'efforts considérables, et elle est appliquée par tous mes collaborateurs. Si ce n'était pas le cas, qu'on me le signale, je ferais le nécessaire.

Est-ce trop d'exigences? Je ne le pense pas. Notre tâche s'est singulièrement compliquée, puisqu'il nous faut être tout à la fois coiffeurs, techniciens, stylistes et psychologues. C'est ainsi! Les besoins ont évolué et nous devons nous y adapter. Chaque cas est devenu un cas particulier et, pour peu qu'on s'en donne la peine, il est possible de trouver une solution personnalisée. Avec nos ciseaux, nos techniques et les produits dont nous disposons, nous sommes à même d'apporter la qualité qu'on attend de nous. Il ne faut pas pour autant nous demander la lune! Il nous est impossible de donner des cheveux raides comme des baguettes de tambour à celle qui est frisée comme un mouton ou une crinière de lion à un chauve! Mais, sans être magiciens, nous pouvons répondre aux difficultés de chacun.

Selon moi, il n'y a pas de mauvais cheveux, il n'y a que de mauvais coiffeurs. Je considère que nous n'avons aucun mérite à réussir une coupe sur de beaux cheveux épais ou sur une jeune fille de dix-huit ans, qui peut se permettre tous les styles vu son âge. C'est précisément quand il y a un problème qu'il faut être compétent, savoir tourner la difficulté. Les hommes et les femmes qui viennent nous voir ne désirent pas autre chose ! Si tout allait bien, ils n'auraient pas besoin de nos services.

Pour relever le défi, le coiffeur doit se donner un peu de mal, non se cramponner à ses habitudes et dire d'un air consterné : « Avec vos cheveux, qu'est-ce que vous voulez que je fasse ? » Il faut chercher, tester, essayer, sans cela on piétine. Prenons l'exemple des produits coiffants. Que les femmes ne sachent pas les utiliser, cela se conçoit, ce n'est pas leur métier. Mais, quand certains professionnels l'ignorent eux aussi et s'en servent de travers, la situation devient grave ! Qu'on travaille encore avec les mousses ou les gels comme on travaillait au brushing, en les appliquant sur cheveux mouillés, cela passe les bornes ! Ces produits ne sont pas prévus pour cet usage !

De même que les permanentes offrent des possibilités variées, les mousses et les gels présentent toute une gamme d'applications selon la nature des cheveux. Il est indispensable de procéder au cas par cas et de ne pas utiliser des produits identiques pour toutes les chevelures. Sur certains cheveux les mousses ne produisent pas l'effet désiré, elles les ternissent au lieu de leur donner de la brillance. Je les remplace par un gel, qui n'était pas conçu pour cet usage mais leur apporte l'éclat voulu. Les cheveux qui frisottent et persillent en séchant peuvent retrouver un aspect lisse et naturel au moyen d'une crème de modelage qu'on utilise normalement pour autre chose. C'est en me livrant à des essais que j'ai découvert cela, non en me limitant à l'étiquette. On ne peut tirer parti des ressources extraordinaires de ces produits qu'en les testant inlassablement, sans craindre de se tromper. L'erreur dans ce domaine ne tire pas à conséquence et, si le cheveu ne réagit pas comme prévu, il suffit de refaire un shampooing. Grâce à cette recherche, il est possible de conseiller utilement chacun sur le produit adapté à sa chevelure.

Ce rôle de conseil s'ajoute aux multiples attributions du coiffeur. Par son expérience, il me semble être le mieux placé pour juger de ce qui convient en matière de produits coiffants et de soin du cheveu. Il doit faire part de ses observations, des précautions à prendre et des traitements à apporter. Redonner au client sa juste place, c'est-à-dire l'impliquer en l'associant, passe aussi par là. Les cheveux ne sont pas le domaine réservé du coiffeur, qui officie dans le secret de son salon, selon des recettes connues de lui seul. Ils sont d'abord la propriété d'un individu, qui est en droit de savoir les traiter. C'est d'autant plus indispensable que les cheveux sont comme la peau, fragiles, vivants. Ils requièrent les mêmes attentions, sinon plus. Or de mauvaises habitudes de brossage ou de séchage, des shampooings inappropriés sont susceptibles de causer des dégâts aussi importants qu'une coloration ou une permanente mal dosée. Comme on ne se rend chez le coiffeur que pour les opérations essentielles, il est indispensable de savoir entretenir ses cheveux pendant les quelque six semaines qui séparent les visites. Bien que le coiffeur ait des ressources, il ne fait pas de miracles et ne travaille jamais que sur les cheveux qu'on lui présente. Sa compétence ne saurait remplacer un entretien quotidien attentif.

Qui dit entretien dit produits capillaires et instruments appropriés. Il est vrai qu'en la matière la sélection n'est pas toujours aisée, en raison de la multiplicité des articles proposés et, si certains sont très performants, d'autres sont à éviter. Il faut donc savoir faire le bon choix.

J'envisage, quant à moi, de mettre à la disposition du public une gamme complète de produits professionnels, qui comprendra shampooings, après-shampooings, crèmes traitantes, etc. et tous les produits coiffants (gels, mousses, sprays, brillantine...). A l'essai dans mes salons où ils ont reçu l'approbation de la clientèle et des coiffeurs, ils sont le fruit d'une longue expérience et d'une passion pour toutes ces questions. Depuis des années, je teste pour L'Oréal des produits aussi divers que les permanentes, les couleurs ou les mousses, afin d'aider à leur élaboration. On me les confie, je les essaie en training puis j'indique quelles sont les améliorations à apporter. Les laboratoires les retravaillent en conséquence, me les donnent pour de nouveaux tests et cela jusqu'à ce qu'ils parviennent à trouver la bonne formule. C'est une collaboration enrichissante, une sorte de second métier, qui m'a permis d'acquérir une connaissance approfondie du cheveu et de ses réactions. Outre cette ligne de produits capillaires, j'ai décidé de diffuser des instruments tels que des peignes, des brosses et des séchoirs, conçus dans une optique professionnelle.

Il faut prêter une grande attention aux produits et aux objets qu'on utilise pour l'entretien de la chevelure, dans la mesure où ils peuvent être source de désagréments, voire de problèmes lorsque leur qualité laisse à désirer. On a aussi parfois, même quand on sait les manier, de drôles de surprises. C'est ainsi qu'il y a quelque temps, alors que je coiffais Meryl Streep pour un tournage à Paris, la bombe que j'utilisais a explosé : nous nous sommes retrouvés couverts de mousse et hilares dans une suite du Plazza. Mais, soyons sérieux, en dehors de toute préoccupation de marque, un certain nombre de critères sont susceptibles d'éclairer le choix. Ainsi une brosse comme un peigne doivent d'abord respecter le cuir chevelu ; peu importent les matériaux tant qu'ils n'agressent pas le crâne avec des extrémités pointues. Dents et poils aux bouts arrondis sont indispensables pour éviter les démangeaisons et les pellicules et permettre un brossage fréquent. C'est excellent pour la santé des cheveux, à condition de ne pas se servir d'un râteau... Quant au séchoir, une température modérée s'impose car l'air trop chaud brûle le cheveu, le traumatise. Une forte ventilation n'est pas un problème et, si l'on souhaite sécher les cheveux sans les déplacer, il suffit d'adapter un diffuseur. Cet embout répartit l'air uniformément, ne laissant passer que la chaleur, de sorte que les cheveux ne se raidissent pas.

Il faut également prendre quelques précautions pour ce qui concerne les produits capillaires, en particulier les shampooings. On peut se laver les cheveux aussi souvent qu'on le désire, une fois par jour au besoin, à condition de disposer de produits de qualité. La fréquence ne présente aucun risque, bien au contraire ; les Américaines, qui se font un shampooing tous les jours, en sont le meilleur exemple : elles ont les plus beaux cheveux que je connaisse. Comme dans le cas du brossage, le geste ne saurait être mauvais si l'on sait choisir l'outil. Adapté à la nature du cheveu, le shampooing ne peut être que bénéfique puisqu'il permet à la chevelure de respirer tout en la traitant. Je sais que le temps où l'on se lavait la tête au savon de Marseille est révolu, mais certains shampooings d'aujourd'hui sont tout aussi nocifs. C'est pourquoi, dans le doute, il vaut mieux demander conseil plutôt que d'acheter bon marché n'importe quoi, n'importe où. J'ajoute qu'il convient d'avoir deux shampooings, qu'on utilise en alternance, cela pour préserver leur efficacité. En effet, le cuir chevelu finit par ne plus réagir à l'usage prolongé d'un shampooing, de la même manière que l'organisme s'accoutume à un médicament.

 L'entretien des cheveux ne se limite pas au seul shampooing et l'on trouve aujourd'hui des masques, des crèmes ou des huiles traitantes qui permettent de résoudre les problèmes de chacun. Il y a façon et façon de s'en servir et, plutôt que de les appliquer tels quels, on accroît leurs effets en s'enveloppant la tête d'une serviette chaude. De la sorte, les produits ne restent pas en surface, ils pénètrent et imprègnent le cuir chevelu. Ces traitements divers, très recommandés pour les cheveux fragiles, sont indispensables lorsqu'on doit s'exposer au soleil. On oublie souvent de les protéger à cette occasion, alors que jamais on n'exposerait sa peau aux rayons solaires sans avoir mis de crème. Pourtant on n'hésite pas à le faire pour les cheveux, ce qui a des conséquences catastrophiques. Ils se dessèchent, ils se dévitalisent, ils se cassent. Il est nécessaire de les défendre contre les agressions du soleil et les effets décapants du sel, au moyen de produits solaires conçus pour les cheveux, des crèmes, des huiles, etc.

    Les bons instruments et les produits de qualité ne suffisent pas, encore faut-il savoir les utiliser. Pourquoi un shampooing réalisé chez un coiffeur a-t-il plus d'effet qu'un shampooing fait chez soi? Cela ne tient pas seulement aux produits, mais à la manière de s'en servir. Même s'il ne s'agit pas d'un « scoop », il me semble intéressant autant qu'utile de rappeler ces quelques gestes essentiels qui conditionnent la santé de nos cheveux et auxquels on n'accorde pas toujours assez d'attention.

    Rappelons qu'avant de se laver les cheveux il importe de les brosser pour les débarrasser de la poussière qui s'y est déposée. Sans cela, les saletés s'amalgament au shampooing et lui font perdre de son efficacité. Une fois le cheveu aéré, on peut passer au shampooing, en mouillant bien la tête au préalable. Il ne s'agit pas de se frotter la tête en deux minutes; il faut prendre le temps de masser le cuir chevelu en douceur, en le décollant légèrement de manière à ce que le produit pénètre. On doit ensuite laisser agir, avant de se rincer soigneusement la tête jusqu'à ce que le cheveu crisse. Après avoir renouvelé l'opération, on peut terminer le dernier rinçage à l'eau froide pour donner vigueur et brillance aux cheveux. Pour les moins courageux, il existe des vinaigres de toilette, qui, ajoutés à la dernière eau de rinçage, produisent le même effet.

L'étape suivante, le séchage, est très importante : elle mérite qu'on s'y attarde puisque c'est là qu'on commet le plus d'erreurs. La méthode à ne pas suivre consiste à essorer vaguement les cheveux, à éventuellement appliquer une mousse ou un gel coiffant, pour ensuite sécher au séchoir. En procédant ainsi, on est certain d'avoir des cheveux plats, ternes et sans vie, en fait l'inverse de ce qu'on voulait! Pourquoi? D'une part parce que des cheveux mouillés perdent toute consistance, si bien que l'aspect de la coupe est détruit. De plus, les produits coiffants de la nouvelle génération, quels qu'ils soient, sont prévus pour être utilisés sur cheveux presque secs. Pour en avoir testé beaucoup depuis des années, je puis affirmer que c'est la seule façon de s'en servir...

Qu'on emploie ou non un de ces produits, il est préférable dans tous les cas de se sécher les cheveux au maximum avec une serviette, en massant la chevelure de la racine à la pointe, tête en bas pour plus de volume. Lorsqu'ils sont à peine humides, on peut alors mettre le gel ou la mousse et finir de sécher au séchoir. De la sorte on accentue la forme de la coupe, donnant de l'éclat aux cheveux. Enfin, pour casser le côté un peu apprêté et retrouver une coiffure plus naturelle, il est bon de vaporiser une fine brume d'eau sur les cheveux. Cette manière de procéder, qui ne prend guère plus de temps que le séchage au séchoir, respecte le cheveu et, quand la coupe est bien faite, tout se remet parfaitement en place.

Il est indispensable d'acquérir les bons gestes qui conditionnent la santé et la vitalité de nos cheveux. Opérations clés de l'entretien, le brossage, le shampooing et le séchage ne se font pas n'importe comment. Ils obéissent à quelques principes simples qu'il faut connaître et appliquer. Savoir choisir et savoir utiliser sont les bases pour bien vivre notre chevelure. Fragiles et précieux ornements, nos cheveux requièrent plus que jamais notre vigilance et nos soins. Baromètre de notre forme comme de notre moral, ils brillent et chatoient quand tout va bien; ils tombent, se fatiguent et ternissent quand tout va mal. Ils subissent de plein fouet les effets conjugués de notre vie trépidante, de notre alimentation déséquilibrée et de la pollution. Agressés, altérés, ils doivent être soignés, protégés comme l'épiderme, afin de préserver leur éclat et leur vigueur.

Qu'on ne s'y trompe pas, la question est d'importance. L'état de nos cheveux influe autant sur l'image que nous renvoyons aux autres que la manière dont nous sommes coiffés et l'impression produite par des cheveux ternes, plats ou abîmés peut être déterminante. Certes les coiffeurs ne sont pas tous parfaits, mais il faut reconnaître que les clients eux-mêmes ne prêtent pas toujours assez d'attention à leurs cheveux. Alors un petit effort de part et d'autre...

Conclusion

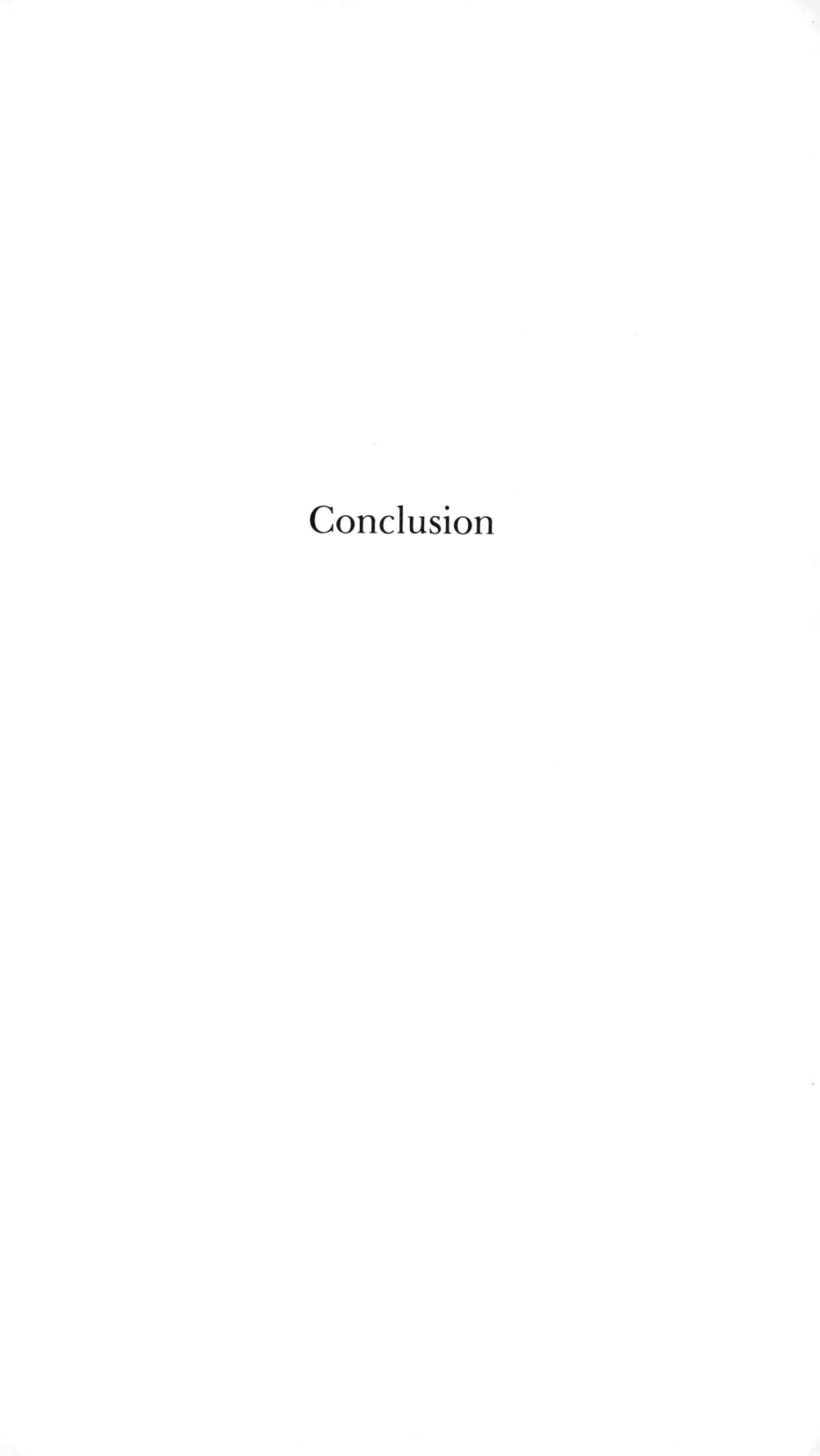

Au cours des vingt dernières années, de profonds bouleversements sont intervenus dans la coiffure. Passant de la mise en plis à la « coupe-brushing », des cheveux rigides et laqués à des chevelures libres et naturelles, nous sommes entrés dans l'ère de la coiffure « à la carte », personnalisée et adaptée à chacun. Les coiffeurs ont bien négocié le premier tournant, qui révolutionnait leurs techniques, et ils ont brisé le carcan qui emprisonnait la tête des femmes. Il n'en a malheureusement pas été de même vers la fin des années soixante-dix, où une partie d'entre eux n'était pas au rendez-vous. Ils n'ont pas su comprendre que la compétence du coiffeur ne se mesurait plus seulement à la qualité de la coupe, mais à sa capacité à s'adapter et à apporter une solution personnalisée. Pour n'avoir pas suivi cette évolution, certains professionnels ont déçu. Cela est vrai en particulier pour quelques grands salons, dont on attendait un accueil, une qualité et une écoute meilleurs.

Ce bouleversement a compliqué notre tâche,

mais il a surtout enrichi notre métier en lui rendant sa véritable vocation, artisanale par excellence. Le coiffeur n'est pas un « coupeur de tifs », c'est un créateur, un styliste. Artisan de la beauté, il doit mettre en valeur un visage et une personnalité. Quel difficile et fabuleux exercice! Chaque fois différent, il oblige à se remettre en cause sans cesse. Quelle satisfaction cependant que de pouvoir résoudre les difficultés, de sentir qu'on a apporté la réponse attendue!

De quel pouvoir nous disposons avec nos simples ciseaux! Tout ne passe-t-il pas d'abord par les cheveux? N'est-ce pas ce qui attire le regard en premier lieu? Notre coiffure conditionne notre apparence, l'image que nous renvoyons aux autres. Reflet de notre personnalité et de notre manière de vivre comme de notre moral et de nos envies, tout s'y révèle. Chevelure, miroir fidèle qui nous trahit parfois en dévoilant ce que nous voudrions cacher. Mais aussi précieux attribut, qui se plie à nos fantaisies, à nos humeurs, qui nous permet de nous métamorphoser au gré de nos caprices... Dans ces conditions, est-il besoin d'insister sur l'importance de notre rôle?

Cela ne signifie pas pour autant que nous devons nous enfermer dans notre tour d'ivoire, nous draper dans notre savoir et notre importance. Jouer à la star ne sert à rien, c'est le meilleur moyen de perdre le contact avec les autres. Restons humbles, n'oublions jamais que nous sommes d'abord des fournisseurs. Le monde de la coiffure n'est plus à l'image de ces petits salons d'autrefois, où l'on dissimulait derrière la cloison vitrée ces mystérieuses opérations qui devaient rendre les femmes belles. La coiffure est surtout l'affaire de ceux qui nous confient leur tête. Leur en donner les clés indispensables n'est pas rompre la magie, c'est rétablir la confiance et la compréhension.

Il faut rendre à notre profession ses lettres de noblesse, qu'elle a perdues au fil des ans, pour avoir trop cédé à la facilité. Or il ne saurait être question de facilité aujourd'hui, encore moins qu'hier. La qualité ne s'improvise pas, elle est le fruit d'un patient travail. Exigence, rigueur, effort demeurent les maîtres mots de notre métier. C'est pourquoi on doit le choisir par passion, non par hasard. J'espère en avoir fait la preuve à travers ces pages. Et si j'ai pu en convaincre les déçues des salons ainsi que ceux qui hésitent à embrasser cette profession, parce qu'elle leur semble peu valorisante, c'est déjà un grand pas...

Jean-Marc
MANIATIS
coiffeur

Photo Fouli Elia

Brune ou blonde préparez votre tête à vos mesures
ELLE
AVANT
APRÈS

Photo Claude Guillaumin, 1970

Photo Peter Knapp, 1970

Photo Claude Guillaumin

1971

Photo Claude Guillaumin, 1971

Photo Claude Guillaumin, 1971

Photo Claude Guillaumin, 1972

Photo Claude Guillaumin, 1972

Photo André Carrara, 1972

1972

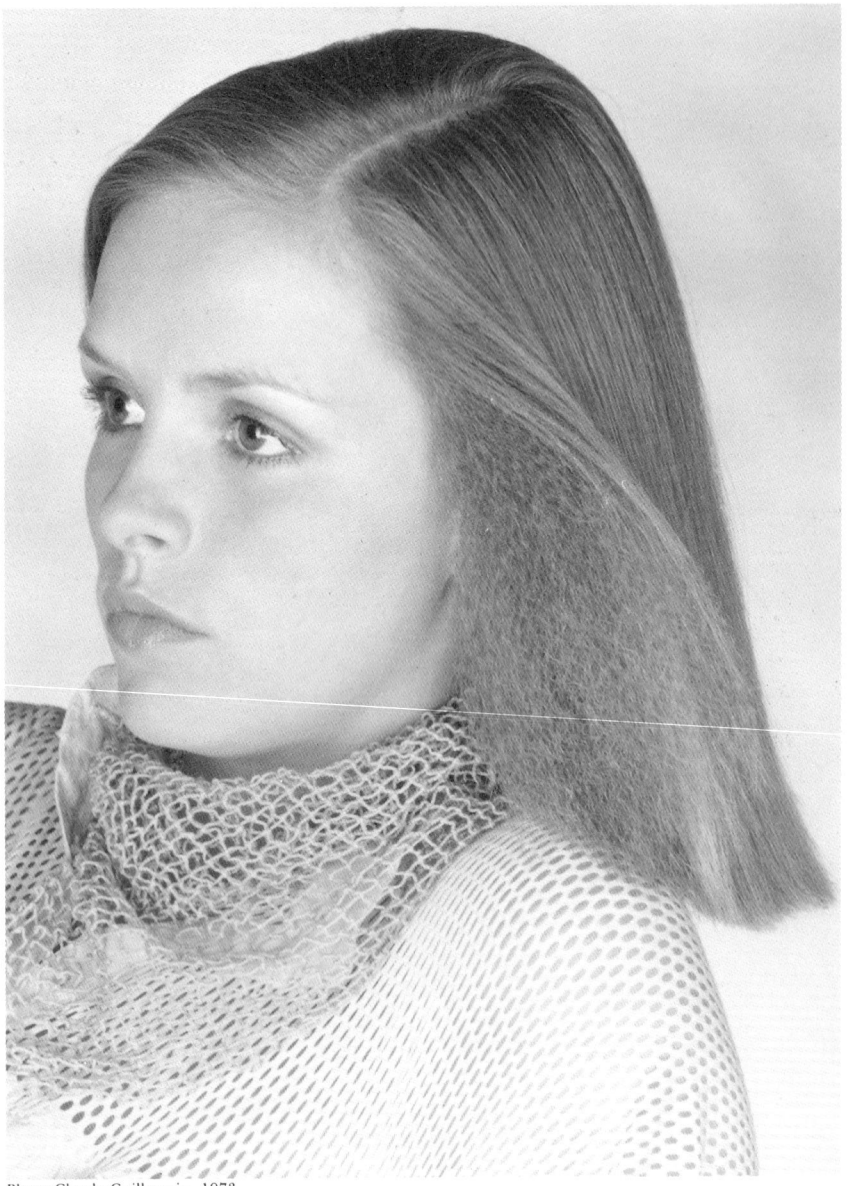

Photo Claude Guillaumin, 1973

Photo Peter Knapp, 1974

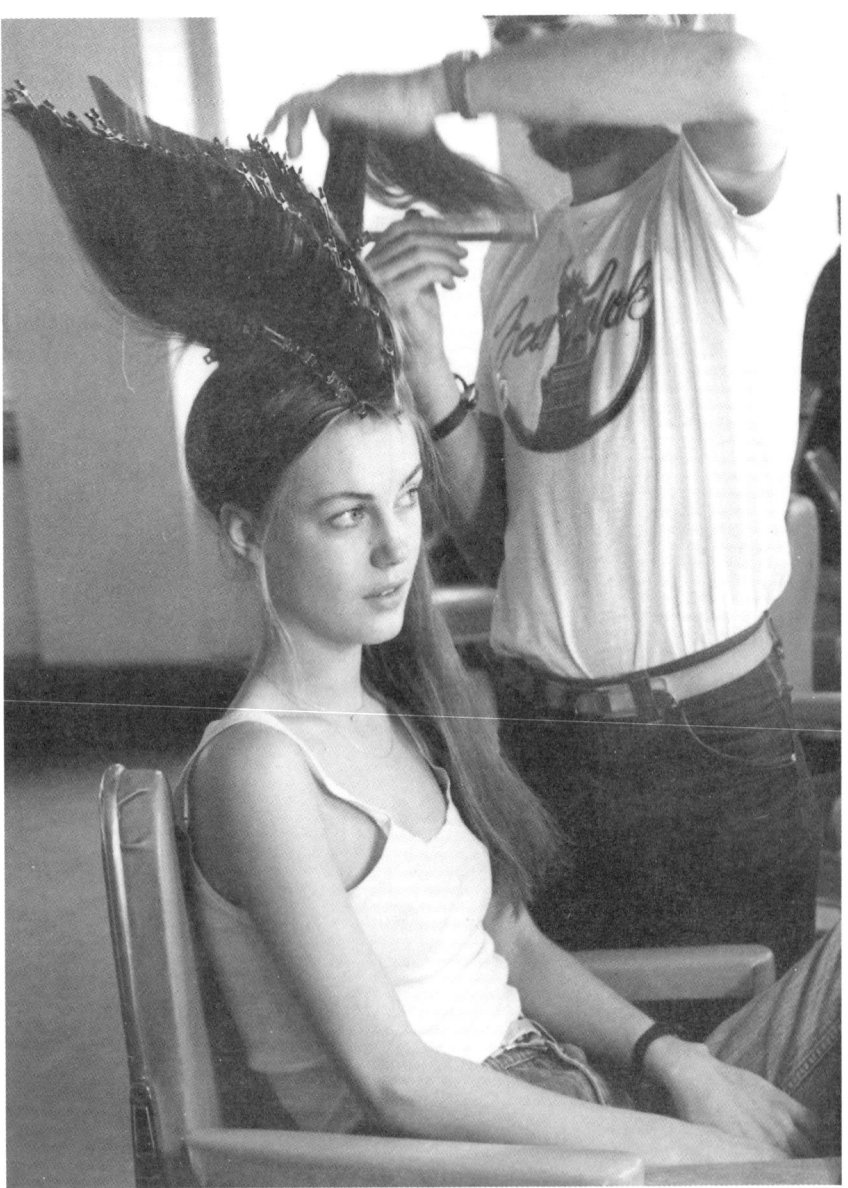

Photo Peter Knapp, 1974

Nouvelle tête d'Aurore Clément. Photo Hans Feurer, 1975

Photo Peter Knapp, 1975

Photo Kosack, 1976

Photo Peter Lindbergh, 1980

Photo André Carrara, 1982

Photo Griaux des Fontaines, 1982

Photo Griaux des Fontaines, 1982

Photo Sacha/*Marie-Claire*, 1982

Photo Paolo Reversi, 1983

La coiffure à deux temps : une seule et même coupe.

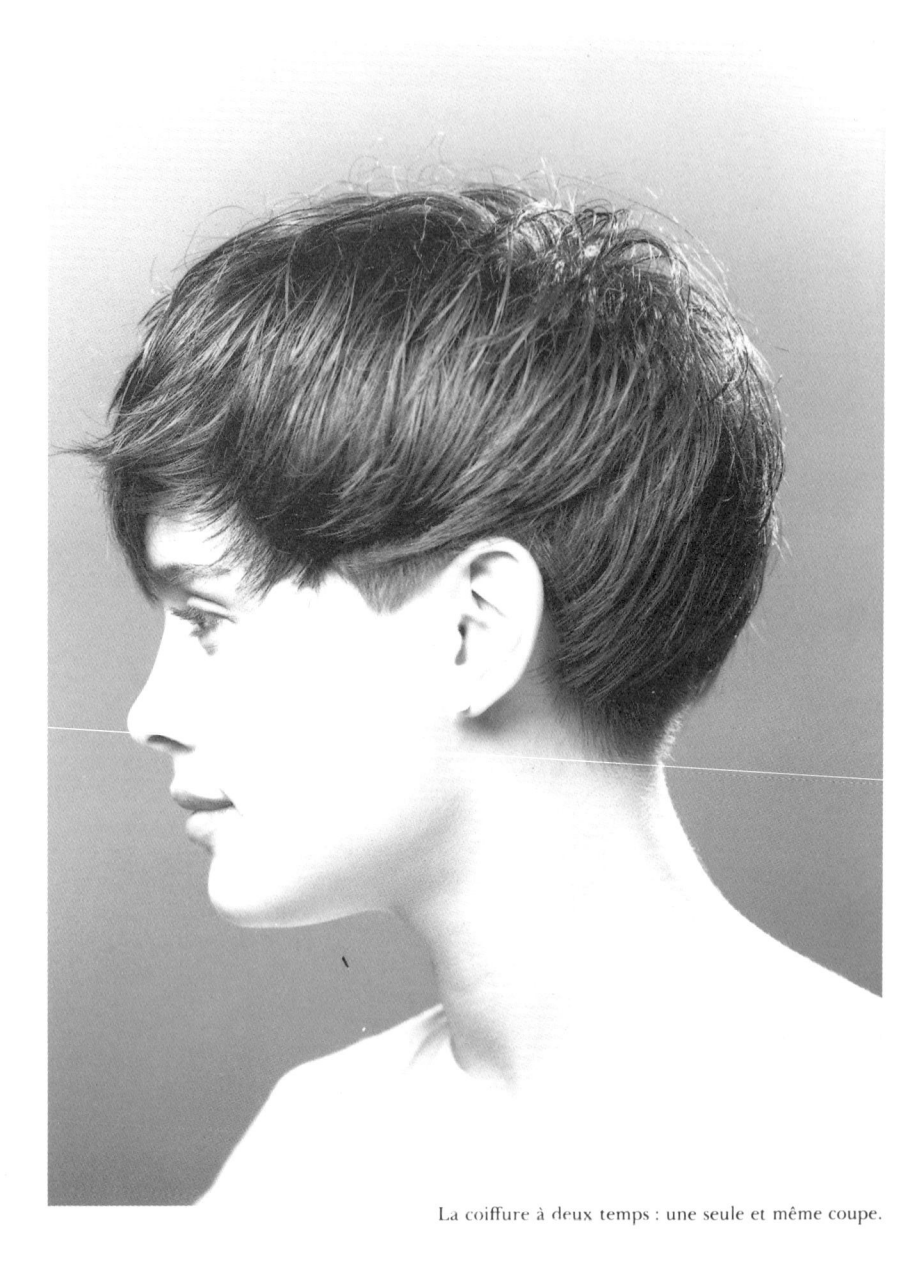

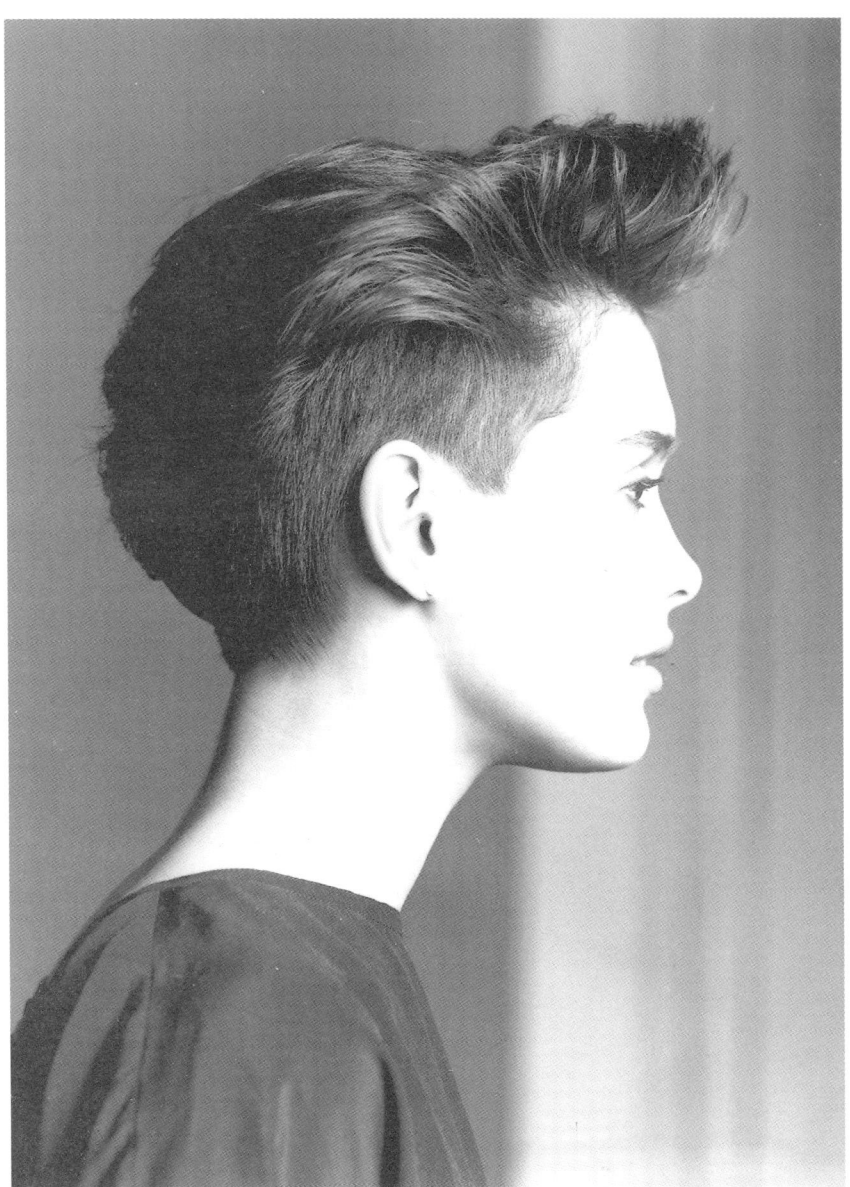

Photo François Pomepuy, 1983-1984

Photo Griaux des Fontaines, 1984

Photo François Pomepuy, 1985

Tu nous fais craquer Maniatis. Photo Oliveiro Toscani/Eldorado

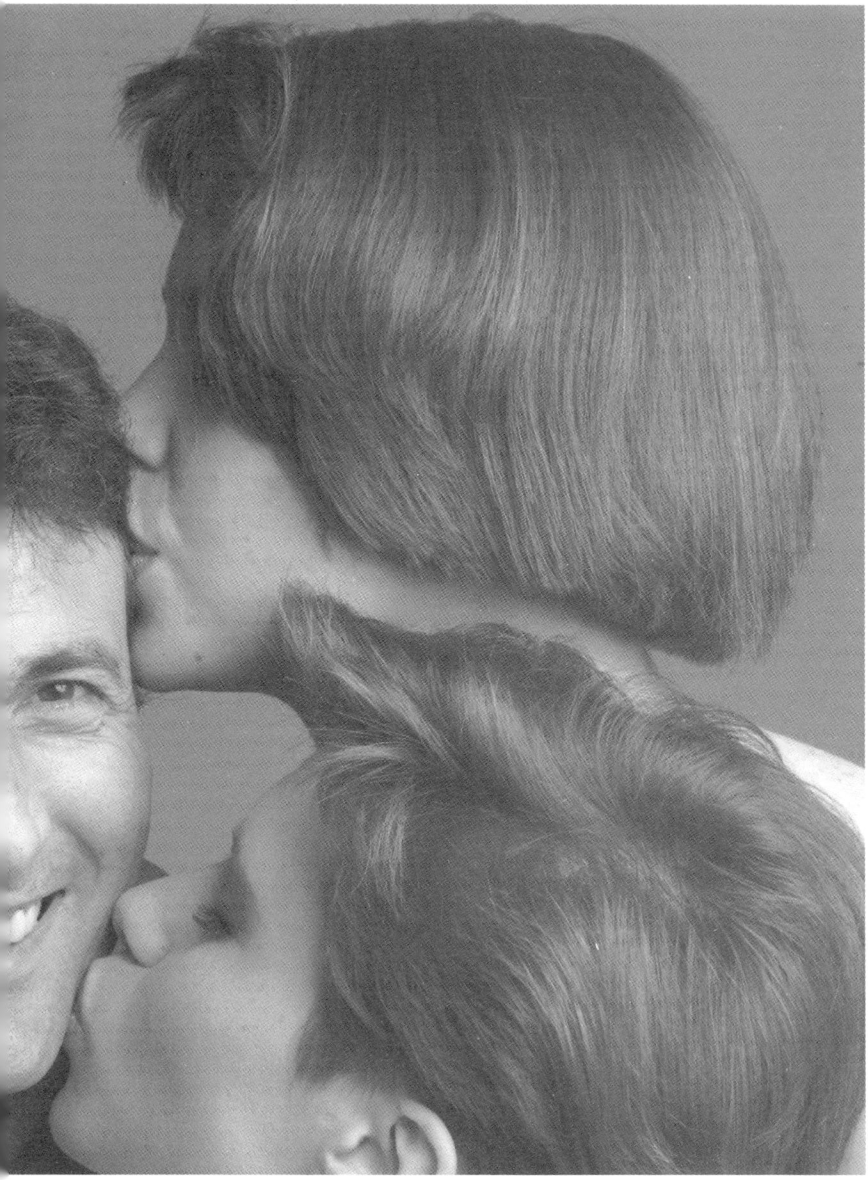

CET OUVRAGE
A ÉTÉ COMPOSÉ
ET ACHEVÉ D'IMPRIMER
PAR L'IMPRIMERIE FLOCH
À MAYENNE EN OCTOBRE 1986.

N° d'éd. 11077. N° d'impr. 24654.
D.L. : novembre 1986.
(Imprimé en France)